Ulrich van der Heyden; Achim von Oppen (Hrsg.)
Tanzania: Koloniale Vergangenheit und neuer Aufbruch

Afrikanische Studien

Band 7

LIT

Ulrich van der Heyden; Achim von Oppen (Hrsg.)

Tanzania:
Koloniale Vergangenheit und neuer Aufbruch

LIT

Wir danken dem Haus der Kulturen, Berlin,
für die finanzielle Förderung dieses Bandes.

Die Deutsche Bibliothek – CIP-Einheitsaufnahme

Tanzania: Koloniale Vergangenheit und neuer Aufbruch / Ulrich van der Heyden;
Achim von Oppen (Hrsg.) . – Münster : Lit, 1996
   (Afrikanische Studien ; 7 .)
   ISBN 3-8258-2146-3

NE: GT

© LIT VERLAG
   Dieckstr. 73   48145 Münster   Tel. 0251–23 50 91   Fax 0251–23 19 72

Inhalt

Ulrich van der Heyden/Achim von Oppen
Vorwort 5

Das Werden eines Staates

Abdul Sheriff
*Economy and society in East Africa in the
nineteenth and twentieth centuries with
special reference to Tanzania* 11

Jan-Georg Deutsch
*Vom Bezirksamtmann zum Mehrparteiensystem
- Transformationen politischer Herrschaft
im kolonialen und nachkolonialen Tanzania* 21

Entwicklung als Geschichte

Achim von Oppen
*Matuta. Landkonflikte, Ökologie und Entwicklung
in der Geschichte Tanzanias* 47

Podiumsdiskussion
*Von der "kolonialen Entwicklung" zum
"Entwicklungskolonialismus"?* 85

   Stellungnahmen von:

      Abdul Sheriff 85
      Rolf Hofmeier 88
      Gaudens Mpangala 95
      Christian Mersmann 97

Mission, Gesellschaft, Staat

Johannes Triebel
*Evangelische Mission in Tanzania im Kontext von
Kolonialismus und afrikanischer Tradition* 102

Juhani Koponen
*Knowledge, Power and History: German Colonial
Studies in Tanzania* 118

Anhang

Administrative Angaben 140

Geschichte Tanzanias - Chronologie 142

Verzeichnis ausgewählter Überblicksdarstellungen
zur Geschichte Tanzanias 146

Autorenverzeichnis 148

Ulrich van der Heyden/Achim von Oppen

Vorwort

Der vorliegende Band geht auf eine Veranstaltungsreihe zurück, die im Mai und Juni 1994 im Haus der Kulturen der Welt, in Zusammenarbeit mit dem Forschungsschwerpunkt Moderner Orient, in Berlin unter dem Titel "Tanzania: Koloniale Vergangenheit und neuer Aufbruch" durchgeführt wurde. Das "Haus der Kulturen" hat es sich zur Aufgabe gemacht, Kenntnis und Verständnis nichteuropäischer Kulturen hierzulande zu verbreiten, und dafür seine großzügige Infrastruktur bereitzustellen. Nicht allein deshalb bot das Haus der Kulturen für die Bearbeitung dieses Themas einen sehr geeigneten Rahmen. Sein Standort in der "Kongreßhalle", vormals "In den Zelten", ist auch in hohem Maße symbolträchtig für die historischen Dimensionen des Verhältnisses zwischen Tanzania und Deutschland. So befindet sich nur wenige hundert Meter entfernt, in der Wilhelmstraße 77, das Grundstück, auf dem einst das Reichskanzlerpalais mit der Privatwohnung Bismarcks stand. Jener hatte dort am 27. Februar 1885, einen Tag nach Abschluß der "Berliner Konferenz" zur Aufteilung Afrikas unter den europäischen Mächten, den "Schutzbrief" der kaiserlichen Regierung unterzeichnet, der zur Gründung der Kolonie "Deutsch-Ostafrika" führte. Diese faßte erstmals das Gebiet des heutigen Staates Tanzania, anfangs einschließlich von Ruanda und Burundi, zu einem einheitlich verwalteten Territorium zusammen.

Dieser machtpolitische Akt markierte den Beginn einer Entwicklung, die nach 30 Jahren deutscher und weiteren 45 Jahren englischer Herrschaft 1961 in die politische Unabhängigkeit von "Tanganyika", und 1964, nach der Vereinigung mit der Insel Zanzibar, in den heutigen Staat Tanzania mündete. Die erste koloniale Besitznahme durch Deutschland fiel aber auch in eine Zeit, da dieses gerade erst selbst seine nationale Einheit gewonnen hatte. Statt sie zu befestigen, trug das Kolonialstreben auch dazu bei, daß diese Einheit nur wenige Jahrzehnte später wieder verlorenging.

Genau am Gartenende des Grundstückes, auf dem das erwähnte Reichskanzlerpalais stand, wurde schließlich die Mauer errichtet, die unter anderem auch Institutionen in dieser Stadt und darüber hinaus im ganz Deutschland teilte, die sich der afrikabezogenen Forschung und Kooperation widmeten; vielleicht wirkte diese Konkurrenz im Interesse Afrikas sogar stimulierend.

Die Zusammenarbeit mit Tanzania war auf beiden Seiten der Mauer ein Schwerpunkt deutsch-afrikanischer Beziehungen. Dabei beriefen sich beide Seiten, wenn auch in unterschiedlicher Weise, auf eine gemeinsame Vorgeschichte dieser Beziehungen. Im Rahmen dieser, allerdings ungleichen, Interaktionen zogen im Laufe der Zeit Generationen von "Entdeckern", Kaufleuten, Missionaren, Militärs, Beamten, Pflanzern, Wissenschaftlern und anderen "Experten" nach Ostafrika. Weniger bekannt ist oft, daß auch viele Menschen aus Tanzania, etwa zur Aus- und Fortbildung, in die beiden Teile Deutschlands kamen und hier Erfahrungen sammelten.

Der Fall der Mauer 1989/90 wurde zum Symbol der Wende in Deutschland, die einige interessante Parallelen zu den etwa gleichzeitig einsetzenden, gravierenden Umbrüchen in Tanzania aufwies. Bezeichnenderweise wird dort das gleiche Wort "Wende" (KiSwahili *ugweusi*) verwendet, um die gegenwärtigen tiefgreifenden Prozesse der Demokratisierung, der Einführung des Mehrparteiensystems, der wirtschaftlichen Liberalisierung und Strukturanpassung, mit ihren schwierigen Konsequenzen und zum Teil großen Härten für die Menschen, zu umschreiben. Der Geschichte Tanzanias in ihren unterschiedlichen Wendungen und Facetten bis zur Gegenwart nachzugehen, und dabei schlaglichtartig die wechselseitigen Beziehungen zu Europa, darunter vor allem Deutschland, herauszuarbeiten, war das Ziel der Veranstaltungsreihe im Haus der Kulturen, und ist damit auch Anliegen dieses Bandes.

Zugleich verbindet sich damit die Hoffnung, einen nützlichen Beitrag zur Literatur über Tanzania, vor allem im deutschsprachigen Raum, zu leisten. Zwar ist die Liste der Veröffentlichungen hier fast unübersehbar geworden,[1] doch standen dabei gegenwarts- und entwicklungsbezogene Werke immer im Vordergrund - auch wenn viele von diesen inzwischen als historische Momentaufnahmen gelesen werden können. Die eigentliche Historiographie zum Gebiet des heutigen Tanzania dagegen konzentrierte sich meist auf bestimmte Perioden, Themen und Regionen, während übergreifende Darstellungen - auch außerhalb Deutschlands - eher rar blieben. Überblicke zur späten vorkolonialen Zeit im 19. Jahrhundert sind etwa von Roberts (1968), Koponen (1988) und Sheriff (1987) vorgelegt worden.[2]

Wichtige Impulse zur Erforschung der deutschen Kolonialzeit brachten seit dem Ende der 50er Jahre die Werke von Büttner (1959), Müller (1959) und Loth (1968) aus der damaligen DDR. Sie fanden ein Echo in westlichen Arbeiten wie der von Tetzlaff (1970). Wichtige Monographien zur deutschen Kolonialherrschaft haben auch Iliffe (1969) und jüngst Koponen (1995) vorgelegt. Beiträge zur deutschen und englischen Kolonialperiode sind von Austen (1968) und in einem von Kaniki (1980) herausgegebenen Sammelband erschienen. Umfangreiche, den ganzen Zeitraum seit dem 19. Jahrhundert übergreifende Darstellungen der Geschichte Tanzanias liegen allerdings kaum vor. Hier ist, neben dem älteren Sammelband von Kimambu und Temu (1969) und einschlägigen Handbuchbeiträgen (z.B. Wright 1985), vor allem das Werk von Iliffe

(1979) zu nennen. Die einzige deutschsprachige "Geschichte Tansanias" stammt von unserem früh verstorbenen Kollegen Jürgen Herzog. Was in dieser Überblicksliteratur (siehe Auswahlbibliographie am Ende des Bandes) bisher jedoch fehlt, sind Versuche, den Bogen von den Anfängen der Kolonialzeit bis in die unmittelbare Gegenwart, d.h. zu den Problemen der 90er Jahre, zu schlagen. Solche Versuche werden nun in etlichen Beiträgen zu diesem Band unternommen.

An dieser Stelle sollen einige Hinweise zum Hintergrund dieser Beiträge gegeben werden. Die Zusammenarbeit zwischen dem Haus der Kulturen der Welt und dem Forschungsschwerpunkt Moderner Orient der Förderungsgesellschaft Wissenschaftliche Neuvorhaben, gestützt auf sowohl west- als auch ostdeutsche Afrikawissenschaftler, beruht auf guten Erfahrungen, die bereits vor dieses gemeinsame Vorhaben zurückreichen.[3] Die Verantwortlichen waren sich von Anfang an einig, daß es diesmal nicht um eine wissenschaftliche Veranstaltung im herkömmlichen Sinne gehen solle, sondern um die Präsentation neuerer Forschungsergebnisse vor einer interessierten breiteren Öffentlichkeit. Nach der Tradition des Hauses sollten dabei nicht nur Vorträge gehalten werden, sondern auch Diskussionsrunden stattfinden, an denen das Publikum aktiv teilnehmen konnte. Auf den Podien saßen sowohl Wissenschaftler, die als Experten für die Geschichte des Landes gelten, als auch Fachleute, die mit dessen gegenwärtiger Entwicklungsproblematik vertraut sind. Eine weitere wichtige Vorgabe war die Einbeziehung tanzanischer Wissenschaftler und Journalisten. Dies erschien den Organisatoren umso wichtiger, als es ja um teilweise nicht unsensible Aspekte der gemeinsamen Geschichte Deutschlands und Tanzanias ging, bei denen auch und gerade die Sichtweise der "Anderen" nicht fehlen durfte.

Dieser Band dokumentiert deshalb die wichtigsten Vorträge sowie Ausschnitte aus den Podiumsdiskussionen, die im Laufe der Veranstaltungsreihe gehalten wurden bzw. stattfanden. Die einzelnen Beiträge sind für diese schriftliche Form von den Autoren überarbeitet worden, wobei auch die Ergebnisse der Diskussionen während der Veranstaltungsreihe Berücksichtigung finden. In großen Längsschnitten werden einige Kapitel tanzanischer Geschichte zwischen kolonialer Eroberung und Herrschaft sowie heutiger Entwicklungszusammenarbeit beleuchtet und versucht, dadurch Ausblicke in die Zukunft zu eröffnen. Es geht also auch um die Möglichkeit, an diesem konkreten Fall aus der Geschichte zu lernen.

Besondere Aufmerksamkeit gilt dem Verhältnis zwischen Tanzania und Deutschland, wie es sich aus unterschiedlichen Perspektiven historisch darstellt.

Handelte es sich dabei um ein besonders abschreckendes Beispiel von Dominanz und Unterordnung, um eine Wechselwirkung von Ausbeutung und Unterentwicklung, aus der etwa besondere Verpflichtungen für die deutsche Seite erwachsen? Oder sollten wir vielmehr zur Kenntnis nehmen, daß diese Geschichte durchaus das Ergebnis wechselseitiger Beeinflussungsversuche war - auch wenn die Relationen zweifellos immer wieder ungleich waren? Erst in dieser Sichtweise erscheinen die Tanzanier nicht mehr einfach als Opfer, sondern auch als aktive Gestalter ihrer Geschichte, sowohl vor, während, als auch nach der Zeit der direkten Kolonialherrschaft. Möglicherweise - so der Tenor in einigen Diskussionen während der Veranstaltungsreihe - können wir an einigen Punkten sogar voneinander lernen. Jedenfalls wird deutlich, daß die Frage nach den Grenzen und Chancen eines neuen Aufbruchs sowie nach dem Verhältnis zur früheren Kolonialmacht Deutschland sich heute, nach dem Ende des Kalten Krieges, in afrikanischen Ländern wie Tanzania wieder ganz neu stellt.

Eröffnet wird der Band durch zwei allgemeinere Beiträge über das Werden des Staates Tanzania. Zunächst gibt Abdul Sheriff, Professor an der Universität Dar es Salaam und Direktor des Museums von Zanzibar, einen Überblick über die Geschichte von Wirtschaft und Gesellschaft des Landes. Er konzentriert sich vor allem auf die vorkoloniale und koloniale Zeit, in der sich, ausgehend von der ostafrikanischen Küste, allmählich ein weit in das Festland hineinreichender, wirtschaftlicher Großraum entwickelte. Dieser bildete historisch die Grundlage der heutigen staatlichen Einheit Tanzanias, aber auch fortdauernder Spannungen zwischen Küste und Hinterland.

In seinem anschließenden Beitrag gibt Jan-Georg Deutsch vom Forschungsschwerpunkt Moderner Orient einen Überblick über die wechselvolle politische Geschichte des kolonialen und nachkolonialen Tanzania im 20. Jahrhundert. Er beschäftigt sich besonders mit der politischen Verarbeitung gesellschaftlicher Konflikte auf lokaler Ebene, und fragt, weshalb es in Tanzania, im Unterschied zu benachbarten Ländern wie Kenya oder Rwanda und Burundi, bisher kaum zu Auseinandersetzungen entlang ethnischer Unterscheidungen ("politischer Tribalismus") gekommen ist.

Im zweiten Teil des Bandes rückt das speziellere Thema der geplanten "Entwicklung" in den Vordergrund. Achim von Oppen, ebenfalls Mitarbeiter am Forschungssschwerpunkt Moderner Orient, gibt einen einleitenden Überblick zur Geschichte "ländlicher Entwicklung". Er hebt hervor, daß diese in Tanzania immer wieder unter dem Zeichen von "Naturschutz" bzw. "Ressourcenschutz" stand, zugleich aber untrennbar mit ordnungspolitischen Eingriffen in Landrecht und lokale Organisation verknüpft war. Diese Erkenntnis trägt erheblich zum Verständnis der heftigen Konflikte bei, die Boden- und Waldschutzmaßnahmen oftmals in Tanzania auslösten.

Daran schließen sich mehrere kürzere Beiträge an, die aus Statements für eine Podiumsdiskussion hervorgegangen sind. Abdul Sheriff, Rolf Hofmeier, Direktor des Afrika-Instituts in Hamburg, Gaudens Mpangala, Historiker an der Universität Dar es Salaam, und Christian Mersmann von der Gesellschaft für Technische Zusammenarbeit (GTZ) in Eschborn/Taunus diskutieren das Für und Wider heutiger "Entwicklungshilfe". Die Thematik "Von der 'kolonialen Entwicklung' zum 'Entwicklungskolonialismus'? - Tanzanische und deutsche Perspektiven" war bewußt provokativ gewählt worden und hat, wie die Beiträge zeigen, das Gespräch wie erhofft angeregt.

Einen dritten Fragenkomplex, nämlich die Rolle der evangelischen Missionen in der Geschichte des afrikanischen Landes, behandelt der Missionswissenschaftler Johannes Triebel, Leiter des Missionskollegs Neuendettelsau und Privatdozent an der Universität Erlangen. Er geht davon aus, daß die christlichen Missionen und Kirchen in Vergangenheit und Gegenwart für Tanzania eine nicht unbedeutende Rolle gespielt haben. Insbesondere die Anstrengungen evangelischer Missionen haben in ihrer hier nachgezeichneten historischen Entwicklung das heutige Tanzania geprägt und gestaltet.

Weitere Beiträge zu der ursprünglichen Veranstaltungsreihe können hier leider nicht mehr dokumentiert werden. Das betrifft Ausführungen von Gaudens Mpangala über den Einfluß der christlichen Missionen auf die Entwicklung der Landwirtschaft, von Nathaniel Mjema über seine Erfahrungen mit Deutschen in der Entwicklungszusammenarbeit, von David Kyungu über seine Eindrücke und Erfahrungen als in Deutschland lebender Tanzanier, sowie eine abschließende Podiumsdiskussion zum Thema "Folgenreiches Unverständnis und Verständnis ohne Folgen?", moderiert von Alexandre Kum'a Ndumbe III., Politikwissenschaftler und Historiker aus Kamerun und zeitweise Professor an der Freien Universität Berlin.

Stattdessen wurde ein Beitrag von Juhani Koponen, Historiker an der Universität Helsinki, in den Band aufgenommen. Er gibt einen sehr instruktiven Überblick zur deutschsprachigen Kolonialforschung, speziell zum Gebiet des heutigen Tanzania. Das Deutsche Reich bemühte sich seinerzeit, seinen Rückstand an Kolonialerfahrung durch Mobilisierung seiner beträchtlichen wissenschaftlichen Kapazitäten wettzumachen. Die Bedeutung dieser Bemühungen sowohl für die Forschung als auch für die Praxis blieb freilich sehr begrenzt.[4] Allerdings wurden in dieser Zeit, wie Koponen zeigt, die Grundlagen für ein Erkenntnismuster gelegt, das, eng verbunden mit externer Dominanz, "lokales

Wissen" unterdrückte und sich bis heute etwa durch Varianten der "Entwicklungsforschung" zieht.

Der besondere Dank der Herausgeber gilt dem Haus der Kulturen der Welt in Berlin für die Ermöglichung der Veranstaltung und auch dieser Veröffentlichung, darin vor allem dem ehemaligen Leiter des Bereiches "Gesellschaft, Literatur und Wissenschaft" des Hauses, Herrn Kurt Scharf, der maßgeblichen Anteil an Idee und Konzeption hatte; der Mitarbeiterin des Hauses, Frau Brigitte Kraffert, die die Organisation der Veranstaltungsreihe in ihren Händen hatte sowie Herrn Kurt Liebau, der das Manuskript in eine druckreife Form brachte.

Anmerkungen

1 Die wohl umfassendste Sammlung von Werken über Tanzania in Deutschland findet sich im Institut für Afrikakunde, Hamburg.
2 Siehe das Verzeichnis ausgewählter Literatur zur Geschichte Tanzanias am Ende dieses Bandes.
3 Beide Institutionen bzw. deren Mitarbeiter hatten im Juli 1991, gemeinsam mit anderen Veranstaltern, erfolgreich eine internationale Tagung zu "Rassendiskriminierung, Kolonialpolitik und ethnisch-nationaler Identität" organisiert. Vgl. Wilfried Wagner in Zusammenarbeit mit Ulrich van der Heyden, Hans-Dieter Kubitscheck, Adolf Rüger, Kurt Scharf, Helmuth Stoecker (Hrsg.): Rassendiskriminierung, Kolonialpolitik und ethnisch-nationale Identität. Referate des 2. Internationalen Kolonialgeschichtlichen Symposiums 1991 in Berlin, Münster/Hamburg 1992; Ulrich van der Heyden: Zweites Kolonialgeschichtliches Symposium vom 25. bis 27. Juli 1991 in Berlin, in: Asien-Afrika-Lateinamerika, Heft 1, Berlin 1992, S. 144-148.
4 Vgl. dazu auch Woodruff D. Smith: Anthropology and German Colonialism, in: Arthur J. Knoll und Lewis H. Gann (Hrsg.): Germans in the Tropics. Essays in German Colonial History, New York et. al 1987, S. 39-57.

Abdul Sheriff

Economy and Society in East Africa in the Nineteenth and Twentieth Centuries, with special reference to Tanzania

One of major themes for the history of East Africa during the nineteenth and twentieth centuries is undoubtedly the integration of the region as a whole into what Wallerstein calls the capitalist world system.[1] However, it has to be pointed out that, in relation to world systems, there is a basic distinction between the coastal belt and the interior. The coast has been part of other pre–capitalist world systems in earlier centuries. On the other hand, although the interior was at certain times and places in indirect contact with the world beyond, it had been developing largely independently. Without understanding the trajectory of these developments both at the coast and in the interior before the nineteenth century, it is difficult to understand the process whereby both they were transformed and integrated into the capitalist system.

The East African Coast has been in contact with the outside world for more than 2000 years, integrated into a series of world systems at various times. In these world systems the East African coast acted as a point of confluence between the African continent on the one hand and the world of the Indian Ocean on the other. From the earliest centuries there was a process whereby the coastal people intermingled with those from across the Indian Ocean through economic exchange, intermarriage, and cultural fusion. At the beginning of the Christian era the coast was linked to the Roman world through the intermediacy of the south–west Arabians. From the eighth century onwards it was more broadly integrated into the Muslim world, economically through trade in gold, ivory and slaves, and culturally through the spread of Islam. In the sixteenth century the Portuguese inaugurated the modern phase of integration into a world system dominated by Europe. As commercial middlemen during all this period, they were well placed to take advantage of any new opportunities opened up by the different world systems, and suffer any negative consequences.[2]

There is very little evidence so far on direct contact between the coast and the interior before the nineteenth century. This was partly because of the belt of inhospitable bushland (nyika) that runs close behind the coast which added a heavy cost on transportation. More important perhaps was the limited demand for luxuries like gold and ivory in previous centuries which could be supplied from areas closer to the coast and from Zimbabwe through Mozambique.

Research over the past 30 years has tried to understand the internal forces of development in societies of the interior. Large parts of the interior were gradually penetrated by the Bantu–speaking people over the past two millenia, reaching as far as the coast. With this migration went the spread of iron technology and the associated material culture and language. In central Tanzania where the environment is harsh and the population–carrying capacity of the land is low, hunting/gathering, pastoralism or shifting agriculture were developed. These food production systems supported a very low density of population, but they were in harmony with the environment and yielded a very good return per unit of labour. Within this region, however, under more favourable conditions, more intensive cultivation systems, sometimes based on irrigation, were able to support fairly dense populations, such as at Engaruka in north–central Tanzania.

In the more fertile and better–watered highland areas along the rim, iron age technology and an appropriate crop culture, especially bananas, increased the carrying capacity of the land and production of surplus food. In these areas advanced forms of classes and state structures developed, as in the northeastern highlands of Tanzania and the interlacustrine region. In all these regions, apart from the local exchange of surplus foods and other goods within the village, there was also exchange between different ecological zones, for example food grains for dairy products between the highlands and the grasslands, and even longer distance trade in certain rare commodities whose occurrence is more restricted, such as iron and salt.[3]

These societies were therefore not practicing a mere 'subsistence' economy; there was substantial production of surplus to support occupational specialisation and trade over fairly large areas. Their receptiveness to new commercial opportunities in the nineteenth century was conditioned by the degree of their economic self–sufficiency, their involvement in pre–capitalist exchange systems in the interior, etc.

Integration into the Capitalist World Economy: the Mercantile Phase

The integration of East Africa into the capitalist world economy went through two major phases. The first was dominated by commercial capitalism which began with Portuguese expansionism in the sixteenth century, but more systematically from the last third of the eighteenth century with the expansion of the slave and ivory trade.

The slave trade is one of the oldest commercial activity, but contrary to the colonial interpretation, it has not been continuous or significant in East African history except for two main periods. The first was in the eighth and ninth centuries when the coast was linked to the world system dominated by the Muslim Empire to provide slave labour for agricultural production in southern Iraq (which we do not need go into at this time).[4] The second period coincided with the expansion of the world capitalist system. Significant slave trade developed in the Persian Gulf area after the overthrow of the Portuguese. Expansion of commerce in the Indian Ocean increased profit a part of which was invested in slave–based agriculture to produce date sand pearls for export. There was an increase in the demand for slaves in Oman and the Persian Gulf from the eighteenth century. However, the desert environment and the pre–capitalist production system could not absorb too large a number of slaves. Thus Coupland's and Austen's estimates of tens of thousands of slaves going to the north are completely unrealistic.[5]

More momentous was the overflow of the Atlantic demand for slaves from the last third of the eighteenth century, because of the vitality of the capitalist mode of production that lay behind it.[6] Tens of thousands of slaves were taken by European slave traders to Brazil and the West Indies, and the French also established sugar plantations on Mauritius and Reunion in the Indian Ocean. A majority of these slaves were taken from Mozambique and a smaller number from Kilwa and Zanzibar, but most of them from came from the same region, the area around lake Nyasa. The slave trade, therefore, had a devastating effect on the economy and society in this region, depopulating it and derailing the process of autonomous development in the area.

Although only about two to three thousand slaves were taken by the French from the coast north of Mozambique, the commercial economy at the end of the eighteenth century was still more limited, and the local merchant classes (both Swahili and Arab) were more dependent on the French for their fabulous profits. Therefore the disruption of the French slave trade during the Napoleonic wars, which had spilled over into the Indian Ocean, caused a major crisis for the local merchants, forcing them to look for new markets for their slaves. It was from among these merchants that emerged one who introduced cloves to Zanzibar in c. 1810. This was momentous for the history of Zanzibar, for it not only introduced Zanzibar's staple crop that still dominates its economy, but also a slave–based plantation system that fundamentally transformed the society on the islands with repercussions until the Revolution of 1964. Clove plantations were established in the better–watered hills in the western half of the islands, and slaves were imported from the lake Nyasa region and elsewhere to work on them. Once established, this production system developed its own momentum. Ironically, British anti–slavery crusade that sought to restrict the foreign slave trade from East Africa, had the effect of expanding the areas of slave use within East Africa. Thus, the slave sector was transformed from one that exported a relatively small number of slaves, to a productive sector that absorbed more than 20,000 slaves per annum in Zanzibar and the East African coast by the 1860s. This created a class society divided between the slave/landowners, many but not all of whom were Arabs, and the slaves, leaving aside the indigenous peasants on the islands who were marginalised during the nineteenth century.

Ivory dominated the commercial sector of the economy of Zanzibar. It had been an item of export from the East Africa to the Middle East and Asia for more than a thousand years, but the quantities in earlier centuries were more limited. Herds of elephants roamed areas near the coast as late as the nineteenth century. It was the transformation brought about by capitalism in Europe that was destined to radically change the dimensions of the trade and bring about a major economic and social transformation in East Africa. The wealth brought into the hands of the new bourgeoisie greatly expanded the demand for luxuries which included ivory billiard balls, piano keys, combs and cutlery handles.

Until the beginning of the nineteenth century much of the European demand for ivory was met by the supply from West Africa where the supply was limited and of the "hard" variety, which is harder to carve and polish. Then fairly suddenly the demand seems to have expanded in the 1820s. This demand was met initially by the diversion of ivory from Bombay which had originated from East Africa. More succesful was the direct trade established by American traders at Zanzibar which opened the trade to the expanding American market as well. The demand was growing so fast that the price of ivory continued to rise throughout the nineteenth century.

The external demand for African commodities (including gum copal, cloves, tortoise shells) was counter–balanced by the demand in East Africa for commodities that were previously met by hand–made cloth and beads from India. However, with the Industrial Revolution these commodities had begun to be replaced by machine–made goods that were becoming progressively cheaper. Thus the rising curve of ivory prices and the declining curve of prices of manufactured cloth created a powerful dynamo of commercial expansion that was crucial in integrating a large part of East Africa into the capitalist world economy through trade.

The commercial economy generated by this trade gave rise to a merchant class at the coast headed by the merchant prince, the Sultan Seyyid Said of Zanzibar. It included the older Swahili and Arab merchants, but the expanding arena provided increased opportunities for Indian merchants and financiers. This class was not confined to Zanzibar but developed all along the coast, and members of this class participated in the caravan trade into the interior. There they joined hands with merchant classes that were emerging as a result of the profitable trade with the coast.

There has been a debate whether the caravan trade linking the coast and the interior was initiated by the coastal Swahili and Arab traders, as the colonial historians believed, or by the interior Africans as the new Africanist historians argue. Like the rest of the arguments about African initiative, the debate has become ideological, and the real historical question may not be as to who actually blazed the trail, but rather the concrete economic and social conditions at different times and places that permitted the people in different parts to take the initiative and reap the benefits/consequences of integration into the world economy.

At the coast, as we have already seen, international demand for African commodities from the last third of the eighteenth century for slaves and from the 1820s for ivory provided an opportunity to the long–established Swahili and Arab middlemen to take the initiative to penetrate the interior. Musa Mzuri, an Indian merchant, was among the first people from the coast to be established in Unyamwezi as early as 1825.

On the other hand Africanist historians have produced convincing evidence for African initiative in long–distance trade. They argue that pre–capitalist societies in East Africa were not exclusively self–sufficient subsistence farmers. Many of them were already involved in exchange of the surplus over varying distances, especially of the rare but essential commodities like iron and salt. However, an important distinction has to be made between the internal trade that had developed largely to meet the needs of agricultural communities for iron hoes, salt, etc., and was thus supplementary to the subsistence economy, what Gray and Birmingham called subsistence–oriented trade[7], and the subsequent long–distance trade in ivory that was to radically transform these societies.

One of these societies that we can use as an example are the Nyamwezi of central Tanzania. They occupy an area with low and unreliable rainfall capable of sustaining a low density of population based on shifting cultivation. As population expanded, sections broke off to found new chiefdoms so that a similar culture and language was spoken over a very large area. The area has a long dry season during which handicraft industries, salt manufacturing and trade could be carried out. By the beginning of the nineteenth century the Nyamwezi were already involved in widespread trade in central Tanzania spreading toward the Great Lakes in one direction and the coast in the other. There is evidence of Nyamwezi slaves at the coast from c. 1810, and of Islamised Nyamwezi traders from c. 1830.

Initially the hunting of elephants and trade in ivory to the coast was a dry season activity, but with increasing profitability of the ivory trade and the need to expand the hunting fields into Zaire and elsewhere, they began to encroach seriously on the agricultural economy. As many as 100,000 Nyamwezi were involved as porters in the caravan trade by the second half of the nineteenth century, and sometimes they failed to return or were delayed at the coast despite their anxiety to return in time to plant before the rains. Other Nyamwezi migrated more permanently to Shaba and elsewhere where they established new chiefdoms, such as Msiri. Stanley described the Nyamwezi in their own country as a dying race, and large areas were depopulated.

At the same time the Nyamwezi society and polity was undergoing a radical transformation. The pre-existing society was based on an agricultural economy presided over by the 'Mtemi' who was a leader in agricultural activities, such as slashing and opening up new areas to agriculture, as the title suggests. With increasing profitability of the ivory trade, chiefs and headmen, who had a claim to one tusk out of every elephant, began to emerge increasingly as merchant chiefs. There is evidence from genealogies of Nyamwezi chiefs that there was a series of coups in the 1840s by headmen who overthrew the older matrilineal chiefs and established new dynasties that were patrilineal.[8] These trader chiefs were not isolated entities but were at the head of a powerful new merchant class in the Nyamwezi society, called the 'wandewa', that in some cases collaborated with the coastal merchants, as in Tabora, or conflicted with them as in the case of Mirambo.[9]

The Nyamwezi are one of the societies that were deeply affected by integration into the world economy during the nineteenth century, and there are a couple of other examples, such as the Yao in Mozambique and Tanganyika, and the Kamba in Kenya. Many other societies were touched by long-distance trade, but depending on the strength of their economy and polity, the influence was more limited, such as the more centralised kingdoms of the Great Lakes region.

Colonial Capitalism

The process of integration into the capitalist world economy begun in the nineteenth century was a prelude to a much deeper integration in the twentieth century. The distinction between the coast and the hinterland becomes less relevant during the colonial period when both were integrated into a single colonial economy that was to become a periphery of the capitalist metropole. There was a more direct impact of industrial capitalism on East African societies through the colonial states which sought to reorganise production to meet the specific demands of their home industries for industrial raw materials in place of the former predominantly luxury items, such as ivory.

The first priority of the new colonial rulers was to destroy the commercial and political superstructure that was created during the nineteenth century by the Zanzibar sultanate. It had developed a commercial empire and a sphere of political influence (not a political empire) over Eastern Africa. Zanzibar's hegemony was shattered by colonial land grabbing led by people like Carl Peters. The Sultan was a left with nominal control over a ten–mile coastal strip and the offshore islands, but even these were soon parceled out between the colonial powers. Even Zanzibar was declared a British Protectorate in 1890.

The second was to break up Zanzibar's commercial primacy by diverting the trade from Zanzibar to their own metropoles by imposing tariffs on goods coming from Zanzibar to the coast. This was sure to destroy Zanzibar's entrepot role. Thus the proportion of trade of German and British East Africa originating from Zanzibar progressively declined from 68% to 6%. But the diversion was only partly deliberate. There was also a growth in the total amount of trade and a change in the composition of trade goods, with the bulkier industrial raw materials such as sisal, coffee, rubber gradually overtaking the former luxuries. It made little sense to transship these bulkier goods from Dar es Salaam through Zanzibar. Instead, they were shipped directly to Hamburg, London, etc. Zanzibar's decline was not immediate and absolute – it continued to dominate trade in the luxuries for some time – but it was relative since it lost its pre–eminent position to Mombasa and Dar es Salaam.[10]

On Zanzibar and along the coast, the new colonial rulers set to transform the economy that was formerly based on slave labour. The slave trade which disrupted production in slave–producing areas was no longer compatible with the new colonial economy that required people to help produce industrial raw materials and consume manufactured goods imported from the colonial metropoles. However, once they had direct responsibility for the new colonies, the colonial rulers were slow to abolish slavery that could have disrupted existing production on the coast and bring about political upheavals. Slavery was abolished in Zanzibar only in 1897, and on the mainland in German and British East Africa they took several more decades to do so.[11]

In the interior, the demand for the bulkier industrial raw materials called for a new transportation system based on the railway that would keep the cost of the goods low. The railways that tended to follow the former caravan routes gradually undermined the caravan system and the economy that had grown around it, including the large number of porters who used to transport goods between the coast and the interior. The redundant labour was gradually diverted to the new sisal and other plantations.

In other areas the colonial powers were faced with self–sufficient pre–capitalist peasantries which did not provide a large market for their manufactured goods and refused to yield cheap labour to produce raw materials on their own farms or in the plantations. Therefore these societies had to be re–structured, by force if necessary. This involved partial destruction and partial preservation of these social formations to facilitate production and cheapen their administration.[12] The independent military strength of these societies had to be destroyed ruthlessly.[13] At the same time the colonial state sought to partially preserve some features of the pre–colonial social formation to cheapen colonial production and administration. The pre–colonial political systems were retained through the "indirect rule" system to gain legitimacy and keep the cost of administration low. The pre–capitalist production unit, the peasant household, was also retained to facilitate reproduction of labour in the rural areas so that the cost of labour could be minimised. However, its economic self–sufficiency was destroyed, initially through forced labour and taxation, and later through economic forces. As Tanganyika's Governor Cameron said, colonial economic policy was "to induce the native to become a producer directly or indirectly, i.e. to produce or to assist in producing something other than the crop of local foodstuffs that he requires for the sustenance of himself and his family."[14]

There were three main methods of production in which the "native" could be involved. The first involved peasant production based on pre–capitalist labour processes. The peasants produced their own subsistence, and thus kept the price of raw materials low. Alternatively, peasants could participate in production on plantations and in mines as bachelor migrant labourers. The cost of their labour was kept low because their families reproduced themselves in the labour reserves. To some extent the plantations and white settler farms employed squatter and seasonal labour from areas around the farms where these labourers reproduced themselves, while they also supplied cheap foodstuffs for the long–distance migrant labourers.

The competition and choice between these systems was often influenced by political considerations. European settlers naturally wanted to retain as large a share of the surplus as possible for themselves to enjoy their accustomed way of life. However, industrial capital in the metropolitan countries were interested in cheap raw materials, however, they were produced. Many colonial officials argued that peasant production was cheaper. As the German colonial secretary Dernburg said: "We have not gone to East Africa to found plantations for three or four hundred people, but ... to find raw materials and create markets." And the British colonial official Charles Dundas said he was interested in the colour of the coffee bean, and not in the colour of the producer. Thus, while Kenya developed as a white settler colony because of the strength of the settlers in the colony and their lobby in England, in Tanganyika the forces were more evenly balanced. Plantations and settler farms were concentrated in the Pangani valley and the coast, while the central region was devoted to peasant production.[15]

Conclusion

Before the establishment of colonial rule East Africa consisted of many social formations many of which were developing autonomously. They were not yet integrated into a single economy to any great extent, except where long–distance caravan trade was significant in the nineteenth century. Differences between them were then largely related to differences in access to resources and levels of development.

With the establishment of colonial rule, all these areas were integrated into a single economy tied to the metropolitan economy and thus integrated into the world capitalist economy. Therefore, regional and social differentiation that developed in a country like Tanzania can be explained only by reference to that process.

Notes

1 Wallerstein, Immanuel: The Modern World System: Capitalist Agriculture and the Origins of European World-Economy in the Sixteenth Century, New York 1974.
2 Sheriff, Abdul: Trade and Underdevelopment: Economic History of the East African Coast from the 1st to the 15th Century, in: Hadith, vol. 5, 1975, pp. 1-23.
3 Sheriff, Abdul: Tanzanian Societies at the Time of the Partition, in: Kaniki, M. H. Y. (ed.): Tanzania Under Colonial Rule, London 1980, pp. 11-50.
4 Sheriff, Trade and Underdevelopment, op. cit.
5 Coupland, R.: East Africa and Its Invaders, Oxford 1938; Austen, R. A.: The Islamic Slave Trade out of Africa (Red Sea and Indian Ocean), an effort at qualification, unpublished paper, Conference on Islamic Africa: Slavery and related topics, Princeton 1977.
6 For fuller documentation see Sheriff, Abdul: Slaves, Spices and Ivory in Zanzibar, London 1987.

7 Gray, R./Birmingham, D.: Pre-Colonial African Trade, London 1970.
8 Abrahams, R. G.: The Political Organisation of Unyamwezi, Cambridge 1967.
9 Unomah, A. C.: Economic Expansion and Political Change in Unyanyembe, c. 1840-1900, unpublished PhD thesis, University of Ibadan 1973.
10 Sheriff, Abdul: Political Economy of Zanzibar under Colonial Rule. Paper presented to the International Conference on the History and Culture of Zanzibar, Zanzibar 1992.
11 Cooper, F.: Plantation Slavery on the East Coast of Africa, New Haven 1977.
12 Bettlheim, C.: Theoretical Comments, in: Emmanuel, A.: Unequal Exchange, New York 1972.
13 Kjekshus, H.: Ecology Control and Economic Development in East African History, London 1977.
14 Iliffe, John: Agricultural Change in Modern Tanganyika, Nairobi 1971, p. 12.
15 Iliffe, John: Tanganyika under German Rule 1905-1912, Cambridge 1969, p. 211.

Jan-Georg Deutsch

Vom Bezirksamtmann zum Mehrparteiensystem - Transformationen politischer Herrschaft im kolonialen und nachkolonialen Tanzania

1. Vorbemerkung

Anfang 1994 baten die Herausgeber des vorliegenden Bandes den Autor, einen kurzen Überblick über die politische Geschichte Tanzanias zu verfassen. Während der Abfassung des Manuskriptes im Mai des Jahres blieb es jedoch nicht aus, daß die schrecklichen Presse-Meldungen über die Ermordung Hunderttausender im Nachbarland Rwanda die Ruhe des Elfenbeinturms einer historisch-distanzierten Analyse zu stören begannen. Darüber hinaus haben zur gleichen Zeit auch in den Nachbarländern Kenia, Uganda und Burundi **tribale Konflikte, worunter ich hier ethnisch begründete politische Auseinandersetzungen** verstehe, mehr oder minder die Tagespolitik beherrscht.

Daher schien es von großem Interesse zu sein, die politische Geschichte Tanzanias auch auf jene Faktoren hin zu untersuchen, die dazu beigetragen haben, daß tribale Konflikte in Tanzania im Gegensatz zu den Nachbarländern zu keinen größeren gewaltsamen Auseinandersetzungen geführt haben.[1] In meinen Ausführungen stütze ich mich auf historiographische und ethnographische Darstellungen, insbesondere auf die Arbeit von John Iliffe, *A Modern History of Tanganyika* (Cambridge 1979).[2] Ein ausführlicher Vergleich mit der Entwicklung in den Nachbarländern muß außerhalb der Betrachtung bleiben.

2. Einführung

Zum Thema der Entstehung tribaler Konflikte und ethnischer Identitäten im 20. Jahrhundert in Afrika gibt es eine außerordentlich umfangreiche Literatur, deren Debatten und Ergebnisse ich hier im einzelnen nicht nachzeichnen kann. Ich beziehe mich an dieser Stelle in meinen Ausführungen im wesentlichen auf die Arbeiten von Tim Allen und insbesondere Carola Lentz, die jüngst einen Literaturbericht zu dem Thema verfaßt hat.[3]
Diese Arbeiten verstehen tribale Konflikte primär als politische Konflikte, die jedoch ethnisch begründet werden.[4] Ethnischen Identitäten werden als eine Variante von "Wir-Gruppen"-Bindungen beschrieben, die aus der diskursiven und selektiven Re-Interpretation von gemeinschaftlich gehaltenen, sozialen, politischen und kulturellen Wertvorstellungen, insbesondere auch der lokalen Geschichte, hervorgehen.[5] Ein zentrales Thema dieser moralisch-politischen Diskurse ist die Form und Substanz legitimer Herrschaftsausübung.[6] Diese

"Wir-Gruppen"-Konstrukte sowie die aus ihnen häufig abgeleiteten "Feind-Gruppen"-Bilder werden paradoxerweise von den Beteiligten gleichsam als naturgegeben wahrgenommen, obwohl sie häufig nichts anderes als eine Art von kultureller Selbstverherrlichung darstellen. Tribale Konflikte bedürfen jedoch in den Augen der Protagonisten häufig gerade wegen ihres angeblichen Natur-Charakters keiner weiteren politischen, moralischen oder historischen Rechtfertigung.

Den Ansatz, den ich hier vorstellen möchte, geht von der Prämisse aus, daß im 20. Jahrhundert ethnisch begründete Identitäten und damit mittelbar tribale Konflikte u.a. von der Herausbildung territorialer (Kolonial-) Staatlichkeit maßgeblich beeinflußt wurden. Der Vorteil einer solcher Sichtweise besteht darin, daß die spezifischen historischen Voraussetzungen und die historische Bedingtheit der oben angesprochenen kolonialen und nachkolonialen Konstrukte von Ethnizität und der aus ihnen abgeleiteten gewaltförmigen tribalen Konflikte in den Vordergrund der Betrachtung treten. Diese Sichtweise hat allerdings den Nachteil, daß lokale soziale, politische und insbesondere auch kulturelle Diskurse über diese Problematik sowie ihre Entstehungs- und Wirkungsgeschichte und die überaus wichtige historische Frage, wer die jeweiligen lokalen "Identitätsproduzenten" gewesen sind, an dieser Stelle nicht weiter beleuchtet werden können.[7] Auch kann hier nicht der Frage nachgegangen werden, inwieweit vorkoloniale Konflikte im 19. Jahrhundert "ethnisch" begründet waren.

3. Tribale Konflikte in der politischen Geschichte Tanzanias

In der wissenschaftlichen Literatur zur Geschichte Tanzanias werden häufig zwei Faktoren genannt, die tribale Konflikte verhindert hätten. Einmal wird darauf hingewiesen, daß Tanzania neben dem Englischen eine einheitliche indigene Landessprache, das Kiswahili, besitzt. Zu anderen wird auch argumentiert, daß die Größenverteilung und Vielzahl der Ethnien in Tanzania es keiner einzelnen ethnischen Gruppe erlauben würde, andere ethnische Gruppen politisch oder wirtschaftlich zu dominieren. Beide Faktoren hätten die Herausbildung und Durchsetzung tribaler Interessen entscheidend behindert.

Diese Argumente scheinen mir für sich genommen nicht völlig stichhaltig zu sein. Zunächst ist festzuhalten, daß für die Mehrzahl der Tanzanier[8] weder Englisch noch Kiswahili Muttersprache ist. Diese werden erst in der Grund- bzw. Sekundarschule erlernt.[9] Darüber hinaus hat das Vorhandensein einer einheitlichen Landessprache offensichtlich das Ausbrechen von gewaltsamen tribalen Konflikten nicht verhindert, wie es das Beispiel des Nachbarlandes Rwanda oder auch gerade das Beispiel Somalias zeigt.

Auch das Argument, daß die angebliche relative Stärke und Vielzahl der ethnischen Gruppen in Tanzania tribale Konflikte verhindere, scheint mir nicht ausreichend zu sein. Zwar ist es richtig, daß keine der ethnischen Gruppen der Größe nach eindeutig dominiert, aber es ist nicht einsichtig, warum Zahl und Größe von ethnischen Gruppen für sich allein genommen spezifische Formen der politischen Auseinandersetzung begünstigen oder behindern sollen. Zu fragen ist vielmehr, warum in Tanzania eine "Tribalisierung" der Politik in weit geringerem Maße stattgefunden hat als in den Nachbarländern.

Für andere Regionen in Afrika sind verschiedene Momente genannt worden, die eine Tribalisierung der Politik bewirkt haben. Dazu zählen u.a. der lokale Einfluß der christlichen Missionen, die ungleiche regionale Wirtschaftsentwicklung, die Auswirkungen der Wanderarbeit und der Urbanisierung wie auch die spezifische "Eingeborenenpolitik" der Kolonialmächte.[10] Aus der Sekundärliteratur wird aber auch deutlich, daß es einen alles umfassenden Erklärungsansatz nicht gibt, sondern daß jeweils regional höchst unterschiedliche Faktoren in unterschiedlicher Stärke eine Rolle gespielt haben. Ich werde hier argumentieren, daß die relative Abwesenheit von tribalen Konflikten in Tanzania im wesentlichen auf zwei spezifische Faktoren zurückzuführen ist: Es sind dies die Auswirkungen der deutschen "Eingeborenen-" und der britischen *Indirect Rule*-Politik und die politische Stärke der anti-kolonialen, nationalistischen Bewegung und deren "anti-tribales" politisches Programm.

3.1. Die "Eingeborenenpolitik" der deutschen Kolonialverwaltung (1890-1914)

Ein wesentlicher Aspekt der politischen Geschichte Tanzanias im 20. Jahrhundert ist die Herausbildung des territorialen Kolonialstaats bzw. des nachkolonialen Nationalstaats, dessen geographische Bezeichnung Deutsch-Ostafrika (1890-1916), Tanganyika Territory (1916-1961), Tanganyika (1961-1965) und Tanzania (seit 1965) lautete. Die Herausbildung des territorialen Kolonialstaats war für die Geschichte dieser Region von überragender Bedeutung, denn im 19. Jahrhundert lebte die Mehrzahl der "Tanzanier" in Gesellschaften, die nicht in großräumige, hierarchisch-zentralisierte, politische oder religiöse Institutionen oder Verbände eingebunden waren.[11]

Das, was populär heute unter "Stämmen" verstanden wird - im wesentlichen lokale Gesellschaften mit einer angeblich eindeutig bestimmbaren, geographisch definierbaren, fest umgrenzten Kultur, einer einheitlichen Sprache und einem politischen Oberhaupt (einem Häuptling oder *Chief*) an der Spitze, hat es in dieser fixierten Form vor der Kolonialzeit überhaupt nicht gegeben. Zwar gab es erhebliche sprachliche, kulturelle und politische Unterschiede zwischen einzelnen Gesellschaften, diese waren jedoch in der Regel nach außen hin offen, so daß sich regional wie auch lokal Kulturen, Sprachen, Wirtschafts- und Herrschaftsformen in vielfältigen Variationen überlagerten und vermengten. Keinesfalls kann davon ausgegangen werden, daß zwischen den unterschiedlichen Gesellschaften keine sozialen Interaktionen, wie beispielsweise Heiraten, stattgefunden haben bzw. daß die sozialen, politischen oder kulturellen Grenzen zwischen den Gesellschaften miteinander identisch waren. Wenn "ethnische" Bezeichnungen eine Bedeutung hatten, so drückten diese vor allem die regionale geographische Herkunft oder die Art des Lebenserwerbs aus. So bedeutete *Wanyamwezi* zunächst nicht mehr als die "Leute aus dem Westen", *Waswahili* nicht mehr als "Leute der Küstenregion" und *Massai* nicht mehr als "Viehzüchter".[12] Es gab daher in dem engen, "modernen" Sinne auch keine angeblich primär durch Geburt bestimmten ethnischen Identitäten, sondern eine Vielzahl von lebensgeschichtlich erworbenen, sich überlagernden lokalen Identitäten, in der die Religionszugehörigkeit (z.B. zum Islam) oder die Mitgliedschaft in lokalen Netzwerken oder in sozialen und politischen Herrschaftverbänden von gleicher, wenn nicht erheblich größerer Bedeutung waren als die oben angesprochenen eher unbestimmten und unbestimmbaren räumlichen Herkunfts- und Abstammungsbezeichnungen.[13] Welche von diesen multiplen Identitäten jeweils in den Vordergrund gestellt wurde, hing neben den individuellem Präferenzen stark von spezifischen lokalen politischen und sozialen Umständen ab.

In der deutschen Kolonialzeit hat eine Tribalisierung sprachlicher und kultureller Differenzen im Gebiet des heutigen Tanzania nur in einem begrenzten Umfang stattgefunden.[14] Dies war vor allem eine Folge der eigentümlichen Form der Etablierung der deutschen Kolonialherrschaft. Deutsch-Ostafrika war ein politisches Gebilde, dessen Existenz und ursprüngliche geographische Ausdehnung auf einer Reihe zweifelhafter Verträge zwischen einem privaten Unternehmen (der Deutsch-Ostafrikanischen Gesellschaft) und einer Reihe von Einheimischen (angeblich Sultanen) beruhte. Diese Gebietsansprüche sind nachfolgend durch einen kaiserlichen Schutzbrief (Februar 1885) sowie durch bilaterale Abkommen zwischen dem Deutschen Reich und anderen europäischen Kolonialmächten, wie Belgien, Großbritanien, Frankreich und Portugal, bestätigt und in ihrem Geltungsbereich erheblich ausgedehnt worden. Der bekannteste dieser Verträge ist der Helgoland-Sansibar Vertrag vom Juli 1888, in dem britische und deutsche Gebietsansprüche in Ostafrika und - kurioserweise - in der Nordsee in einem Vertragspaket gegeneinander aufgewogen und abgegrenzt wurden.[15]

An dieser Stelle ist hervorzuheben, daß in der Frühphase der deutschen Kolonialherrschaft (1885-1890) die Deutsche Ostafrikanische Gesellschaft nur geringfügige hoheitlichen Funktionen ausübte. Die Tätigkeit der Gesellschaft beschränkte sich auf die Anlage einer Reihe von Handelsstationen, die zumeist nur kurze Zeit bestanden. Von der tatsächlichen Errichtung eines Staates bzw. einer staatlichen Verwaltung kann daher erst nach der Übernahme des "Schutzgebietes" durch das Deutsche Reich 1890/91 gesprochen werden.

In der Eroberungsphase im engeren Sinne in den Jahren 1890 bis etwa 1898 (bis zum Ende der sogenannten Wahehe-Kriege) führte die Kolonialadministration entlang der etablierten Karawanenwege eine Serie von größeren Eroberungsfeldzügen gegen lokale Widerstandsbewegungen durch und errichtete dabei an strategisch günstigen Punkten Militärstationen. Die Anführer dieser Widerstandsbewegungen wurden nach z.T. mehrjährigen Kämpfen entweder zur Aufgabe gezwungen bzw. gefangengenommen und anschließend zumeist hingerichtet. Nach einer Phase relativer Ruhe hat dann in den Jahren 1905 bis 1907 der sogenannte Maji-Maji Aufstand im südlichen Teil der Kolonie nochmals einen äußerst brutal geführten Eroberungsfeldzug mit entsetzlichen Folgen für die lokale Bevölkerung ausgelöst.

Was die staatliche Verwaltung anging, wurden die eroberten Gebiete zunächst unter eine Art Militärverwaltung gestellt, deren realer Machtbereich häufig nicht weiter als das Schußfeld der lokalen Militärstation reichte und in der Militär-"Recht" (wie z.b. die Legalität standrechtlicher Erschießungen) herrschte. Mit Ausnahme der küstennahen Gebiete wurde diese erst nach eine Reihe von Jahren in eine Zivilverwaltung übergeführt, deren Aufgabe dann vor allem in der Steuereintreibung bestand. An der Spitze der lokalen deutschen Militärstationen stand der sogenannte Bezirksleiter. Handelte es sich bei der Lokalverwaltung jedoch um einen Zivildistrikt, wurde der Stationsleiter als Bezirksamtmann bezeichnet.

Die zeitliche und räumliche Dimension der Etablierung der deutschen Kolonialherrschaft wird an einer Reihe von historischen Daten deutlich: So wurde in *Bagamayo* an der Küste im Jahr 1886 eine Handelsstation der Deutsch-Ostafrikanischen Gesellschaft eingerichtet. Diese wurde im Jahr 1889 in eine Militärstation und im Jahr 1891 in ein ziviles Bezirksamt umgewandelt. In *Ujiji* im Westen des Landes wurde erst im Jahr 1896 eine Militärstation errichtet und im Jahre 1909 ein ziviles Bezirksamt aufgebaut. Im Süd-Westen in *Mahenge* dagegen ist bis zum Ende der deutschen Kolonialzeit kein ziviles Bezirksamt errichtet worden. Im Jahr 1903 unterstanden noch 13 der 23 Verwaltungsbezirke einer Militärverwaltung. 1914 waren dies immerhin noch zwei Bezirke.[16]

In politischer Hinsicht war diese lange Eroberungsphase auch deshalb von besonderer Bedeutung, weil nach dem militärischen Sieg über die lokalen Wi-

Politisch-administrative Gliederung "Deutsch-Ostafrikas" 1914

Quelle: Koponen, Juhani: Development for exploitation: German colonial policies in mainland Tanzania, 1884-1914, Helsinki/Hamburg 1995, S. 111

derstandsbewegungen die daran teilnehmenden, zentral organisierten Gesellschaften tendenziell politisch fragmentiert wurden und ihre Führer häufig entmachtet, wenn nicht hingerichtet wurden.[17] An ihre Stelle traten dann auf lokaler Ebene in der Regel häufig ortsfremde afrikanische Verwaltungsbeamte (*Akiden* genannt), die für die zivilen deutschen Bezirksverwaltungen Steuern, Arbeitsleistungen und Abgaben eintrieben und die für die Einhaltung von "Ruhe und Ordnung", teilweise auch für die lokale Rechtsprechung und Landzuteilung, zuständig waren. Häufig wurden diese afrikanischen Verwaltungsbeamten mit verschiedenen "traditionalistischen" europäischen Ehrenzeichen, wie z.b. Flaggen, Abzeichen und Tüchern, ausgestattet, was ihnen auf lokaler Ebene ein erhöhtes Prestige verschaffen sollte.[18] Hierbei ist allerdings zu beachten, daß die Ernennung dieser Verwaltungsbeamten in der Regel den jeweiligen Distriktoffizieren überlassen blieb, so daß in einzelnen Fällen, vor allem in der Spätphase der deutschen Herrschaft nach dem Maji-Maji Aufstand, nicht nur ortsfremde, sondern verstärkt auch lokale Notabeln zu Akiden ernannt wurden. Diese Politik ist vor allem auf die Initiative des Gouverneurs von Rechenberg (1906-1911) zurückzuführen, der versuchte, eine neue "Eingeborenenpolitik" in Deutsch-Ostafrika zu verfolgen.[19]

In dieser Perspektive scheint die faktische Errichtung der territorialen deutschen Kolonialherrschaft ein allmählicher Prozeß gewesen zu sein, der sich als ein langsames Vordringen von der Küste entlang der Karawanenstraßen abspielte und zunächst nur in der Errichtung von strategisch wichtigen Stützpunkten - den Militärstationen - bestand. Daran schloß sich eine zweite Phase an, in der die Militärstationen in zivile Verwaltungsbezirke umgewandelt wurden, deren kartographischen Grenzen sich vor allem an administrativen Erfordernissen, also mehr an strategischen, ökonomischen und ökologischen und weniger an demographischen oder politischen Gegebenheiten, wie Familienverbänden oder Königtümern, orientierten.[20] Insbesondere wurde in der Regel auf vorkoloniale, "traditionell" begründete Formen lokaler Herrschaftsausübung wenig Rücksicht genommen. Selbst für die wenigen Ausnahmen, wie z.B. am Kilimanjaro, läßt sich nachweisen, daß die in einigen Bezirken von der Verwaltung ernannten "Oberhäuptlinge" und "Sultane" ihre Position mehr geschicktem Taktieren als der Legitimität ihrer Ansprüche verdankten. Die Umwandlung der Militärstationen ging einher mit dem Aufbau von zivilen Lokalverwaltungen, deren unterste Ebene aus afrikanischen Verwaltungsbeamten bestand, die die eigentliche Verbindung zwischen der zivilen Kolonialmacht und der Bevölkerung darstellen sollten.

Dieses - aus heutiger Sicht geradezu "modern" anmutende - Verwaltungsmodell beruhte im wesentlichen darauf, daß die Macht der Akiden weniger auf ihrer lokalen Legitimität als vielmehr und vor allem auf den Zwangsmitteln des kolonialen Staates, beispielsweise den lokalen afrikanischen Polizeitruppen, beruhte. Solange die Anforderungen an die lokale Bevölkerung sich in Grenzen hielten, spielte dies nur eine untergeordnete Rolle. In dem Moment jedoch, als sich diese Anforderungen erhöhten, z.b. in der Form von Arbeitszwang, effektiver Steuereintreibung oder dem Anbauzwang bestimmter agrarischer Exportprodukte, zeigte das System seine funktionalen Schwächen, da der verstärkte Einsatz staatlicher Machtmittel immer auch die Gefahr in sich trug, Widerstand zu provozieren. Dies hat beispielsweise der Maji-Maji Aufstand gezeigt, der auch von offizieller deutscher Seite damals unter anderem auf die verfehlt konzipierte deutsche "Eingeborenenpolitik" zurückgeführt wurde.[21] Andererseits ist es zumindest einigen Akiden im Verlauf der Zeit zunehmend gelungen, durch Aufbau von lokalen Klientelbeziehungen ihren Herrschaftsalltag zu "entmilitarisieren" und lokal Einfluß zu erlangen und damit ohne den regelmäßigen Einsatz staatlicher Machtmittel auszukommen.[22]

Zusammenfassend läßt sich daher feststellen, daß in der deutschen Kolonialperiode eine Reihe von Bedingungen der institutionellen Tribalisierung von Politik fehlte. Mit einigen wenigen Ausnahmen wurden die großräumigeren politischen Verbände, die der Etablierung der deutschen Kolonialherrschaft Widerstand entgegengebracht hatten, fragmentiert und deren lokale Führer politisch marginalisiert. Nur in einigen wenigen Fällen erhielten sich Rudimente vorkolonialer politischer Strukturen innerhalb des deutschen Verwaltungssystems, wie beispielsweise in Uhehe im Süd-Westen und am Kilimanjaro.[23] Im ganzen gesehen, bot das deutsche Verwaltungssystem daher weder in seinem lokalen Zuschnitt (der Festlegung von Distriktgrenzen) noch in seiner lokalen Personalpolitik (der Anstellung ortsfremder Akiden) große Chancen, zu einer Arena tribaler Konflikte zu werden.

3.2. Die deutsche und britische Politik im Vergleich

Es ist auffällig, daß im Vergleich zur deutschen Kolonialverwaltung die britische Administration schon vor dem I. Weltkrieg in ihren westafrikanischen Kolonien, insbesondere im Protektorat Nordnigeria, eine andere Politik betrieb. Hier wurde versucht, in der Festlegung von Distriktgrenzen sowie insbesondere in der lokalen Personalpolitik auf vorkoloniale politische Strukturen zurückzugreifen, die daraufhin in veränderter Form in den kolonialen Verwaltungsstrukturen scheinbar reproduziert wurden. In den Gebieten aber, in denen die Heterogenität der politischen Strukturen eigentlich keine Grundlage für eine so konzipierte Kolonialpolitik bieten konnte, wurden derartige "traditionelle" politische Loyalitäten von lokalen Notabeln kreativ und retrospektiv "erfunden", weil man den Bedürfnissen und konkreten politischen Anforderungen der

Kolonialverwaltung gerecht werden wollte und weil dies handfeste materielle Vorteile zu bieten schien.[24]

Damit ist die Politik der *Indirect Rule* angesprochen, mit der in der Sekundärliteratur die spezifisch britische Variante kolonialer Herrschaftstechnik in Afrika und Indien bezeichnet wird.[25] Man kann sich streiten, inwieweit sich diese Politik tatsächlich von der Vorgehensweise der anderen Kolonialmächte vor dem I. Weltkrieg unterschied, denn schließlich handelte es sich hier um die Rationalisierung einer Notwendigkeit, da sich andere Herrschaftsformen wie etwa die direkte Herrschaft, die eine gewaltige Expansion des Verwaltungsapparats notwendig gemacht hätte, schon aus finanziellen Erwägungen heraus verbaten. Die anderen Kolonialmächte in Afrika sahen sich in dieser Hinsicht vor ähnliche Probleme gestellt wie die britische Kolonialverwaltung, so daß der Unterschied zwischen den Kolonialverwaltungen vor allem darin bestanden zu haben scheint, daß die britische ihre lokalen "Kollaborateure" nach anderen Prinzipen auswählte als etwa die französische oder deutsche Kolonialverwaltung.

Dabei ist festzuhalten, daß die britische und die deutsche Kolonialverwaltung sich bei der Beurteilung afrikanischer Herrschaftsverhältnisse und deren Nutzen für die lokale Kolonialpolitik von unterschiedlichen ideologischen Vorstellungen leiten ließen. Dies wird u.a. darauf zurückgeführt, daß die jeweiligen Kolonialverwaltungen jene Herrschaftsverhältnisse zu reproduzieren suchten, die ihren eigenen Herrschaftstraditionen scheinbar am nächsten kamen.[26] Dies - so würde ich argumentieren - war im deutschen Fall ein eher bürokratisches und zentralisiertes System, das sich an "Tugenden" wie Autorität, Effizienz und Ordnung orientierte. Im britischen Fall scheint sich jedoch die Kolonialverwaltung eher an einem "aristokratischen" Herrschaftssystem orientiert zu haben, das die "Natürlichkeit" der hierarchischen politischen Ordnung betonte und die Legitimität der Herrschaft eher im Konsens der Beherrschten als in den Machtmitteln des Staates suchte. Daher glaubte die deutsche Kolonialverwaltung, sich vergleichsweise weniger um die "traditionelle" Legitimität ihrer unteren Verwaltungschargen kümmern zu müssen, während die britische Verwaltung ihre eigene Herrschaftslegitimität durch die angebliche Legitimität ihrer lokalen Vertreter zu stützen suchte.

Weiterhin ist auch angeführt worden, daß der unmittelbare Zweck der britischen *Indirect Rule*-Politik darin bestanden habe, (proto-)nationalistische Ansprüche der lokalen, zumeist christlichen, Eliten auf Beteiligung an der Macht und Mitsprache in der Politik abzuwehren. Dies ist aber für die hier verfolgte Fragestellung nicht von entscheidender Bedeutung. Im weiteren soll nun gezeigt werden, wie die britische Kolonialverwaltung, die 1916 an die Stelle der deutschen Kolonialverwaltung trat, versuchte, dieselbe Politik auch im Gebiet des heutigen Tanzania in die Praxis umzusetzen.

3.3. Die *Indirect Rule*-Politik der britischen Kolonialverwaltung (1926-39)

In den Jahren 1916 bis etwa 1922 bestand die Politik der britischen Kolonialverwaltung im wesentlichen zunächst aus einer Fortsetzung der deutschen "Eingeborenenpolitik". So wurden die meisten Akiden aus der deutschen Zeit im Amt belassen; auch die deutschen Distriktgrenzen blieben weitgehend erhalten. Dies änderte sich erst, als Tanganyika im Jahr 1922 formal als Mandatsgebiet des Völkerbundes unter die britische Herrschaft gestellt wurde. Eine erste vorsichtige *Indirect Rule*-Politik wurde bereits von dem ersten Gouverneur Byatt (1916-1924) verfolgt. Diese wurde anschließend von seinem Nachfolger Cameron (1924-1931), der aus Nigeria nach Tanzania kam, formalisiert und höchst wirksam publiziert.[27]

Der Kern der *Indirect Rule*-Politik in den Jahren von 1922-1939 bestand nun darin, nach dem Vorbild des Protektorats Nord-Nigeria auch in Tanganyika sukzessive ein viergliedriges Verwaltungssystem aufzubauen, das schließlich aus der Zentralverwaltung in Dar es Salaam, acht Provinzen, 47 Distrikten und 671 sogenannten *Native Authorities* bestand. Diesen *Native Authorities* wurden in beschränktem Umfang Verwaltungsaufgaben und politische Rechte auf lokaler Ebene übertragen. Dies geschah insbesondere durch die Einrichtung von *Native Treasuries* zur lokalen Steuererhebung und *Native Courts* zur lokalen Rechtsprechung und Wahrnehmung polizeilicher Aufgaben. An die Spitze der Native Authorities wurden in vielen Gegenden lokale Häuptlinge (im weiteren Chiefs genannt) oder, wenn dies nicht möglich war, lokale *Native Councils* berufen, die an die Stelle der häufig ortsfremden deutschen Akiden traten. Nur in den Fällen, in denen Akiden ihre lokale Legitimität glaubwürdig machen konnten, wurden diese im Amt belassen. Angeblich sollte die *Indirect Rule*-Politik der lokalen Bevölkerung gewisse Selbstverwaltungsrechte einräumen. Dies ist aber tatsächlich nur in sehr geringem Umfang realisiert worden, da die Provinz- und Distriktadministratoren jederzeit die Entscheidungen der *Native Authorities* revidieren konnten und diese somit keine wirkliche Entscheidungsautonomie besaßen.

Bei der Umsetzung der *Indirect Rule*-Politik, insbesondere bei der Errichtung von *Native Authorities*, wurden den lokalen britischen Verwaltungsbeamten detaillierte Vorgaben an die Hand gegeben, wie sie zu verfahren hätten. So hieß es beispielsweise in einer Anordnung vom 1. Februar 1926 an die Distriktadministratoren im Südwesten Tanzanias:

"Each tribe must be considered as a distinct unit....
Each tribe must be entirely within the borders of a district...
Each tribe must be under a chief...
Chiefs must be made to understand that we are increasing their power and paying them salaries ...
...they [the Chiefs] must collect their own taxes...
They must provide us with labour...
Chiefs and their subordinates must be held responsible for law and order in their areas...."[28]

In der Praxis bedeutete dies, daß die britischen Verwaltungsbeamten zunächst erst einmal die vorkoloniale politische Lokalgeschichte rekonstruieren mußten, um die Legitimität der verschiedenen lokalen, häufig im Widerstreit liegenden "traditonellen" Herrschaftsansprüche zu prüfen.[29] Weiterhin wurden die britischen Verwaltungsbeamten vor Ort angewiesen, gegebenenfalls die Verwaltungsgrenzen ihrer Distrikte und Provinzen den angeblich bereits bestehenden, nur bisher nicht wahrgenommenen tribalen Grenzen anzunähern.[30]

Dies war ein schwieriges Unternehmen, da die Rekonstruktion der Lokalgeschichte als Grundlage der Rekonstruktion "legitimer" Herrschaftsausübung durch die Auswirkungen der deutsche Kolonialherrschaft erheblich erschwert war. Häufig konnte deswegen kein Konsens darüber erzielt werden, wer in bestimmten Gebieten vor der deutschen Kolonialzeit legitimerweise geherrscht hatte. Darüber hinaus war natürlich der Versuch, hierarchische Herrschaftsverhältnisse in Gegenden zu rekonstruieren, die in der vorkolonialen Zeit keine zentral-politische und schon gar nicht hierarchische Herrschaftsverhältnisse gekannt hatten, mit erheblichen Problemen belastet und, wenn sich keine geeigneten lokalen "Kollaborateure" fanden, häufig auch zum Scheitern verurteilt.

Das Lesen der britischen Kolonialakten der Periode bereitet daher heute ein gewisses Amüsement, da einzelne Verwaltungsbeamte schier verzweifelten, weil sie der Zentralverwaltung in Dar es Salaam weder eine glaubwürdige politische Lokalgeschichte noch einen halbwegs glaubwürdigen Chief präsentieren konnten und, da sie unter Zugzwang standen, sich daher allerlei "tribalistische" Hilfskonstruktionen ausdenken mußten.[31]

In der Mehrheit der *Native Authorities* scheint man auf eine eher mythische Lokalgeschichte, insbesondere auf Ursprungs-Genealogien, zurückgegriffen bzw. diese "erfunden" zu haben, wenn sich nichts Passendes fand. Diese hatten zwar - soweit es sich heute in Einzelfällen beurteilen läßt - häufig mit der tatsächlichen Geschichte wenig zu tun, sie dienten jedoch dem praktischen

Zweck, den Herrschaftsansprüchen bestimmter lokaler Gruppen oder Familien Legitimität zu verschaffen. Die Errichtung von *Native Authorities* war also in der Regel nicht eine Einbindung vorkolonialer Herrschaftssysteme in einen "modernen" Verwaltungsapparat, sondern eine Art imaginäre Rekonstruktion von angeblich traditionellen Herschaftsstrukturen, von denen die Kolonialmacht meinte, sie für die Verwirklichung ihrer Interessen nutzen zu können.

Diese "Neo-Traditionalisierung" bzw. "Imagination" lokaler Herrschaftsstrukturen scheint zumindest in den späten zwanziger und frühen dreißiger Jahren erfolgreich gewesen zu sein. Dies war allerdings weniger der britischen Verwaltungspraxis oder den "europäischen" Phantasien über afrikanische Sozialverhältnisse zu verdanken als vielmehr der Tatsache, daß gerade auch auf afrikanischer Seite starke Interessen bestanden, die in die gleiche Richtung zielten. Vier Interessenlagen lassen sich identifizieren:

1. Die kolonialen Chiefs waren wirtschaftlich deutlich besser gestellt als die lokale Bevölkerung, nicht zuletzt durch den Anteil, den sie am lokalen Steueraufkommen erhielten. Diese konnten sich daher eine lokale Klientel aufbauen, was die Durchsetzung ihrer lokalen Herrschaftsansprüche erheblich erleichterte, wenn nicht - wie in vielen Fällen - überhaupt erst möglich machte.

2. Die Stärkung der Chiefs ermöglichte weiterhin bestimmten anderen Gruppen innerhalb der afrikanischen Gesellschaften, insbesondere älteren Männern und Familienoberhäuptern, einen Teil der Macht wiederzugewinnen, den sie durch den sozialen Wandel in der frühen Kolonialzeit zu verlieren drohten, so z.B. die Kontrolle über die jungen Männer und über die Frauen insgesamt. Das Mittel hierzu war die Rechtsprechung bzw. das lokale Gewohnheitsrecht, das im Prozeß der Kodifizierung einseitig ausgelegt wurde. Diese lokalen Eliten hießen die "Tribalisierung" der vorkolonialen politischen Herrschaftsformen aus eigenem Interesse durchaus willkommen.

3. Es läßt sich darüber hinaus auch, zumindest für einige Regionen wie beispielsweise die Gegend um den Kilimanjaro, spekulieren, inwieweit die britische *Indirekt Rule*-Politik einem sich gerade entwickelnden, häufig durch die lokale Sprachpolitik der christlichen Missionen inspirierten (Proto)-Nationalismus entgegenkam. Auf lokaler Ebene schien die britische Verwaltungspraxis den politischen Einigungsprozeß einer neu erschaffenen Gemeinschaft zu fördern, den viele Mitglieder der lokalen christliche Elite als eine Voraussetzung dafür ansahen, Einfluß auf die Kolonialpolitik gewinnen können. Dies hat zumindest in einigen anderen Regionen Afrikas wichtige Impulse für die Verwirklichung des "Tribalismus" gegeben.[32]

4. Die Betonung von tribalen Identitäten half möglicherweise auch, mit den Schwierigkeiten und Komplexitäten der kolonialen Situation sowie mit den dadurch ausgelösten raschen sozialen Entwicklungen insgesamt leichter fertig zu werden. Dies war für die neuen Stadtbewohner, für die Wanderarbeiter und andere "neue" soziale Gruppen von besonderer Bedeutung, da die erhöhte soziale Mobilität, die das koloniale Wirtschaftssystem erzwang, auf den Plantagen und insbesondere in den sich entwickelnden Städten, wie beispielsweise Dar es Salaam und Mwanza, neuartige soziale Gemengelagen hervorbrachte. Diese ließen sich durch "Tribalisierung" der eigenen Identität anscheinend in überschaubare Zusammenhänge ordnen, zumal dies auch handfeste ökonomische Vorteile hatte, z.b. bei der Beschaffung von Arbeit und Wohnraum in der Stadt.

Es sollte in diesem Zusammenhang nicht unerwähnt bleiben, daß aus der Periode der *Indirect Rule*-Politik in Afrika und aus den mit dieser Politik auf das engste verbundenen ethnographischen Forschungsarbeiten ein Teil des europäischen Allgemeinwissens über afrikanische Gesellschaften stammt. Obwohl es von den damaligen Ethnographen in ihren Arbeiten häufig viel differenzierter dargestellt wurde, gilt dies vor allem für die populäre Vorstellung, daß afrikanische Gesellschaften festgefügte, hierarchisch organisierte Kultur- und Sprachgemeinschaften, eben "Stämme", darstellen, an deren Spitze ein "Häuptling" steht. Daß diese Vorstellung auf die überwiegende Mehrzahl afrikanischer Gesellschaften in dieser Form überhaupt nicht zutrifft, hat nicht verhindern können, daß sie sich in europäischen Afrikabildern, insbesondere auch in den Massenmedien, überaus wirkungsmächtig festgesetzt hat und immer dann wieder zur Anwendung kommt, wenn es gilt, komplexe soziale politische Zusammenhänge in Afrika, wie beispielsweise den rwandischen Bürgerkrieg, auf ein "bequemes" Analyseniveau zu reduzieren.

3.4. Der Übergang zum Parteiensystem (1945-1963)

Am Ende der dreißiger Jahre war jedoch bereits abzusehen, daß der klassischen *Indirect Rule*-Politik keine lange Dauer beschieden sein würde. Es wurde deutlich, daß die praktische Umsetzung dieser Politik in vielen Gegenden aus lokalen Gründen nicht gelingen konnte. Anderseits wurde auch deutlich, daß sie nicht geeignet war, die in den Augen der Kolonialmacht immer dringlicheren Probleme der Folgen der Verstädterung und der Wanderarbeit zu lösen. Auch hatte sich schon in der Weltwirtschaftskrise Anfang der dreißiger Jahre gezeigt, daß die *Native Authorities* kein besonders erfolgreiches Mittel zur Mobilisierung lokaler ökonomischer Ressourcen darstellten. Schließlich geriet das Modell selber sowohl "innen-politisch" durch die Forderungen der nationalistischen Bewegung wie auch "außen-politisch" durch die Forderungen von Reformkreisen in Großbritannien sowie durch die "anti-imperialistische" Politik Amerikas zunehmend unter Druck.[33]

Nach dem II. Weltkrieg unternahm die britische Kolonialverwaltung daraufhin verschiedene Versuche, die *Indirect Rule*-Politik zu reformieren. So wurden ab 1950/51 nach und nach die über 600 *Native Authorities* in ca. 380 *Native Administrations* umgewandelt.[34] Politisch war dies ein Versuch, soziale Gruppen, die lokal bis dahin überhaupt keinen oder nur geringen Einfluß gehabt hatten, wie beispielsweise die Händler, Lehrer und reichere Bauern, verstärkt in die reformierten *Native Councils* oder *Chief-in-Councils* zu integrieren. Damit einher ging eine nochmalige Veränderung der Distriktgrenzen, die nun häufig mehrere Häuptlingstümer (Chiefdoms) umfaßten. Dieser Reformprozeß hat erhebliche lokale Differenzen hervorgebracht, da bis zur Unabhängigkeit im Jahr 1961 nicht alle der früheren *Native Authorities'* tatsächlich in *Native Administrations* umgewandelt worden sind. Zum anderen haben die Reformen nichts an der autoritären Struktur der Kolonialherrschaft auf lokaler Ebene geändert, da nach wie vor die lokalen britischen Distriktadministratoren letzlich das Entscheidungsrecht hatten, unter anderem bei der Berufung und Absetzung der einzelnen *Native Councillors*.

Mit der Reform der *Native Authorities* ging eine Politik einher, die darauf abzielte, die zentralen kolonialen Verwaltungsgremien, vor allem den *Legislative Council* (eine Art Proto-Parlament), umzugestalten. Diese bestand zunächst darin, ausgewählte Notabeln und Chiefs in diese Gremien zu berufen.[35] Dieser Versuch, tribale Strukturen auch im Zentrum der Kolonialverwaltung zur Grundlage der Repräsentation afrikanischer Interessen zu machen, war jedoch nur kurzlebig. Schon im Jahr 1958 fanden die ersten "Wahlen" zu dem zu einer Art Parlament umgestalteten *Legislative Council* statt. Trotz eines aktiven Wahlrechts, das nur ca. 60.000 afrikanische Wahlberechtigte zuließ, und eines Wahlsystems, das getrennte Kandidatenlisten für Afrikaner, Inder und Europäer vorschrieb, errang die Unabhängigkeitsbewegung TANU (Tanganyika African National Union) einen überwältigenden Wahlsieg. Bei den dann zwei Jahre später abgehaltenen demokratischen Wahlen errang die TANU wiederum die große Mehrheit der Stimmen und damit die Mehrheit im neugebildeten Parlament. Am 9. Dezember 1961 wurde Tanganyika in die Unabhängigkeit "entlassen".

Zusammenfassend läßt sich für die britische Periode feststellen, daß die *Indirect Rule*-Politik der zwanziger und dreißiger Jahre erhebliche Probleme in der praktischen Umsetzung hatte und daß auch die Reformbestrebungen der vierziger und fünfziger Jahre wenig an dem Mangel der politischer Legitimität und (Verwaltungs-)Effektivität der *Indirect Rule*-Institutionen zu ändern vermochten. Dabei ist festzuhalten, daß nur während einer relativ kurzen Periode (1926-1939) wirklich ernsthaft versucht worden war, auf der Basis tribaler Institutionen eine Lokalverwaltung aufzubauen. Damit war jedoch der Tribalisierung der Politik enge Grenzen gesetzt, denn um effektive politisch-"tribale" Formationsprozesse überhaupt in Gang zu setzen, hätte diese Politik länger bzw. nachhaltiger verfolgt werden müssen.

Damit ist - so würde ich argumentieren - ein wichtiger Unterschied zu einigen Nachbarländern, wie beispielsweise Uganda, angesprochen. Die oben ausgeführte Unmittelbarkeit der subjektiven Wahrnehmung und Artikulation ethnischer Identitäten stellt sich für die lokale Bevölkerung durch Alltagserfahrung, u.a. auch der Häuptlingsherrschaft, her.[36] Diese reichte jedoch in Tanzania nicht über eine Generation hinaus. Wenn man nachvollzieht, wie in staatenlosen Gesellschaften in anderen Gegenden Afrikas "traditionelle" koloniale Chiefs etabliert wurden, so fällt auf, daß die Vererbung des Häuptlings-Titel ein wichtiges Element der Stabilisierung lokaler Herrschaftsverhältnisse darstellte.[37] In der ersten Generation funktionierte die Neo-Traditionalisierung lokaler politischer Herrschaft nämlich nur sehr bedingt. Über diese Prozesse ist nur sehr wenig bekannt, aber es scheint, als ob die neuen kolonialen Chiefs zunächst lediglich als lokale *big men* angesehen wurden. Richtig "traditionell" wurde die Herrschaft dieser "Emporkömmlinge" erst in der nachfolgenden Generation, da diese durch die dauerhafte Herrschaftspraxis ihrer Väter (und in wenigen Ausnahmen auch Mütter) legitimiert wurden. Als die britische Kolonialverwaltung jedoch begann, die *Indirect Rule*-Politik zu reformieren, befand sich der Großteil der kolonialen Chiefs weniger als 15 Jahre im Amt. Darüber hinaus scheint der oben erwähnte jeweilige Elitenwechsel auf lokaler Ebene in der deutschen und britischen Kolonialperiode die Kontinuität vorkolonialer Herrschaftsstrukturen entscheidend geschwächt zu haben. Es stellt sich daher die Frage, wie unter solchen Umständen die Traditionalisierung "tribaler" Politik auf lokaler Ebene überhaupt hätte stattfinden können.

Dazu kam noch die Politik der Unabhängigkeitsbewegung bzw. die Politik der tanzanischen Regierung, die sich effektiv gegen die Tribalisierung der Politik wandte. Schließlich gab es in den vierziger und frühen fünfziger Jahren verschiedene Ansätze zu "tribalen" Regionalbewegungen, wie beispielsweise die Sukuma Union (gegründet 1945) und die Kilimanjaro Chagga Citizens Union (gegründet 1949). Diese konnten sich aber weder auf lokaler noch auf nationaler Ebene gegenüber der nationalistische Bewegung erfolgreich durchsetzen. Die Politik dieser Bewegung ist der Gegenstand des nächsten Teils meiner Analyse.

4. Tribalismus und die nationalistische Bewegung

Die tanzanische Unabhängigkeitsbewegung TANU führt ihren Ursprung auf die African Association zurück, die schon im Jahr 1929 gegründet wurde. Nach einer wechselvollen Geschichte erhielt sie erst im Jahr 1954 ihren endgültigen Namen TANU. Am 7.7.1954 fand der erste nationale Parteikongreß statt, auf dem ein junger Lehrer (Julius Nyerere) zum Vorsitzenden der Partei gewählt wurde. Dieser wurde 1961 zum ersten Präsidenten des unabhängigen Tanganyika/Tanzania ernannt und hatte dieses Amt bis zu seinem freiwilligen Rücktritt im Jahr 1985 inne. 1990 gab Nyerere darüber hinaus auch den Parteivorsitz ab. Sein politischer Einfluß dominiert die tanzanische Politik jedoch nach wie vor.

Es wäre falsch, die tansanische Politik auf die Biographie von Nyerere zu reduzieren. Es gibt jedoch wenig Zweifel, daß Nyereres dörfliche Herkunft aus einer Gegend (Mara Region), deren vorkoloniale Geschichte keine großräumigen, hierarchisch organisierten politischen Strukturen gekannt hatte, sowie seine Missionsbildung ihn nachhaltig geprägt hatten und seine egalitären politischen Vorstellungen wenig Raum für eine Sympathie für koloniale Chiefs oder die Verherrlichung bestimmter kultureller Traditionen ließen.[38] Dies hat sich auch auf das politische Programm der African Association bzw. TANU und auf die öffentliche Meinung nachhaltig ausgewirkt.

Ein weiterer wichtiger Aspekt der politischen Entwicklung der TANU stellt weiterhin die Tatsache dar, daß sich diese in relativ kurzer Zeit (1958/9) und insbesondere vor der Ausdehnung des aktiven wie passiven Wahlrechts und der Errichtung von lokalen Wahlbezirken (1960) als einzige anti-koloniale Massenorganisation etablierte. Möglicherweise hat dies eine tribale Fragmentierung der Parteienlandschaft in konkurrierende Gruppen verhindert, wie es in den späten vierziger und fünfziger Jahren in anderen afrikanischen Ländern, beispielsweise Nigeria, zu beobachten war.

Dazu kam, daß die African Association und später TANU wie so viele nationalistische Bewegungen in Afrika ihre aktiven Mitglieder aus einer Schicht rekrutierte, deren Bildung weit über dem Durchschnitt lag. Es ist sicher kein Zufall, daß gerade in der ersten Generation von "Nationalisten" viele Dorfschullehrer und Händler vertreten waren. Aufgrund ihrer beruflichen Mobilität waren diese sozialen Gruppen häufig in Gegenden tätig, die außerhalb ihrer sprachlichen oder "tribalen" Herkunftsregionen lagen. Es ist daher nicht verwunderlich, daß diese Gruppen als erste eine Weltsicht entwickelten, die über die engen Distriktgrenzen herausreichte, wobei allerdings im tanzanischen Fall noch hinzu kam, daß sich der tanzanische Nationalismus auf Grund seiner raschen Entwicklung eben nicht in regionalistische (tribale) Gruppierungen aufspaltete.

Die African Association, wie später auch die TANU, war eine Sammlungs- und Einigungsbewegung, die durch ihren gemeinsamen politischen Gegner, die Kolonialverwaltung, sowie durch ihre überkonfessionelle wie überregionale politische Perspektive zusammengehalten wurde. Es sei hier nur am Rande erwähnt, daß diese Orientierung keineswegs tribalistische Spannungen verhindert hat, wie es in den verschiedenen politischen Positionen gegenüber der ökonomisch überaus bedeutsamen indischen Minderheit oder in den wiederholten politischen Spannungen innerhalb der Partei zwischen den Vertretern der verschiedenen Konfessionen, insbesondere den regionalen islamischen und christlichen, tendenziell fundamentalistisch orientierten Bewegungen, zum Ausdruck kam (und in letzter Zeit verstärkt kommt).

Die TANU hat in den späten fünfziger Jahren darauf verzichtet, die Chiefs ins politische Abseits zu drängen, sondern vielmehr versucht, diese in die Partei zu integrieren.[39] Insbesondere jenen Chiefs, deren Machtposition durch vorkoloniale Strukturen legitimiert zu sein schien, wurden wichtige und einflußreiche Parteipositionen eröffnet.[40] Es war auch von Bedeutung, daß die meisten Chiefs die TANU nicht als Gefährdung ihrer Machtposition begriffen bzw. frühzeitig erkannten, daß sie sich auch auf lokaler Ebene mit der TANU arrangieren mußten. Insbesondere dort nämlich, wo sich die Chiefs in Opposition zur TANU gestellt hatten, unterstützte die TANU die Gründung lokaler Parteibüros. Interessanterweise scheint dies insbesondere in den Gegenden, in denen lokalen, nicht hierarchisch strukturierten Gesellschaften koloniale Chiefs aufoktroyiert worden waren, der Fall gewesen zu sein.[41]

Das Arrangement zwischen TANU und Chiefs auf lokaler Ebene ist bisher wenig untersucht worden, aber es scheint, als ob die Chiefs schon frühzeitig nach einem Platz in der sich abzeichnenden neuen politischen Ordnung gesucht haben. Es ist auffällig, daß in der ersten Generation der lokalen Parteisekretäre in den fünfziger und dann vor allem auch in den frühen sechziger Jahren viele Chiefs anzutreffen sind. Es scheint, als ob zumindest einige Chiefs erkannt hatten, daß sie sich der Reform und partiellen Demokratisierung der *Native Authorities* nicht widersetzen konnten, und daher strategisch versuchten, Parteipositionen auf lokaler Ebene zu besetzen, um ihre lokale Machtposition trotz der sich verändernden Verhältnisse zu wahren. Es war aus der Perspektive der fünfziger Jahre in den Augen einiger Chiefs möglicherweise kein allzu großer Unterschied, ob sie ihre Interessen im Rahmen der kolonialen *Native Authorities* oder in den lokalen Parteiinstitutionen entfalteten.

Diese Einstellung der Chiefs hat sich jedoch für sie selbst als Fehlschlag herausgestellt, wie die nachkoloniale politische Geschichte Tanzanias zeigt. Diese wird in der Sekundärliteratur häufig durch die Nennung von vier Ereignissen zusammengefaßt. Dies waren die formelle Vereinigung von Tanganyika und Zanzibar zur Republik Tanzania im Jahr 1965, die sogenannte Arusha Deklaration von 1967, die Vereinigung der Staatsparteien von Zanzibar und Tanganyika zur *Chama Cha Mapinduzi* (Partei der Revolution) im Jahr 1977 und die Aufgabe des Einparteisystems im Jahr 1992.

Für die vorliegende Darstellung sind die Ereignisse des Jahres 1965 von sekundärer Bedeutung. Wichtiger war hier die Arusha Deklaration von 1967, welche eine bedeutende Umorientierung der Politik einleitete. Zwar handelte es sich bei dieser nach einem Ort am Kilimanjaro benannten Erklärung weder um ein konkretes Programm im engeren Sinne, noch ist in der Partei selber über den Inhalt der Deklaration abgestimmt worden, aber in den darauffolgenden Jahren ist in ihrem Namen eine Politik verfolgt worden, die angeblich sozialistische Ziele verfolgte. So wurden Industrie- und Handwerksbetriebe, eine Anzahl Plantagen und alle Banken und Versicherungen verstaatlicht. Darüber hinaus wurde ein gigantisches, ursprünglich sogar von der Weltbank unterstütztes Umsiedlungsprogramm initiiert, das den Namen *Ujamaa* trug. In den Jahren 1976-1977 wurden mit mehr oder minder starkem staatlichen Druck Millionen von Kleinbauern in neu geschaffene Dörfer umgesiedelt.[42] Offensichtlich haben sich dabei die lokalen "traditionellen" Herrschaftsverhältnisse gewandelt. Gerade auf kleinräumiger Ebene, etwa in den neu entstandenen Dörfern, scheint es Konflikte um "traditionelle" Rechte, vor allem Landnutzungsrechte, gegeben zu haben. Diese Konflikte sind jedoch bisher historiographisch noch kaum aufgearbeitet worden.[43] Es ist allerdings zu vermuten, daß möglicherweise auch die Folgen der *Ujamaa*-Politik eine wichtige Komponente der Erklärung für die Abwesenheit "tribaler" Konflikte im nachkolonialen Tanzania darstellen, da diese Entwicklung einen nochmaligen Bruch lokaler Herrschaftsbeziehungen bedeutete.

Die Vereinigung der TANU und der zanzibarischen Afro-Shirazi Party zur CCM im Jahr 1977 stellt einen wichtigen Meilenstein in der Entwicklung zum Einparteistaat auch auf lokaler Ebene dar. Diese Politik hatte allerdings schon wesentlich früher angefangen. Bereits 1962/1963 hatte nämlich die TANU damit begonnen, die lokalen staatlichen Verwaltungsstrukturen und die lokalen Parteistrukturen miteinander zu verknüpfen. Zunächst einmal wurden 1962 die ehemaligen britischen Distrikte und Provinzen durch Parlamentsbeschluß in neue Distrikte, Provinzen und Regionen umgewandelt. Darüber hinaus wurden die alten *Native Authorities* und *Native Administrations* durch gewählte *District Councils* ersetzt.[44] Weiterhin wurde 1963 vom Präsidenten verfügt, daß die politisch überaus wichtigen *Regional Commissioners* zugleich auch die regionalen Parteisekretäre der TANU sein müßten. Diese wurden direkt vom Präsidenten ernannt. 1965 wurde dann im Rahmen einer Verfassungsreform, die den Einparteistaat festschrieb, bestimmt, daß die Mitglieder der *District Councils* zugleich auch Mitglieder der TANU sein müßten. Seit dem Jahr 1966 war der Vorsitzende der Parteiorganisation des Distrikts automatisch auch der Vorsitzende des *District Councils*. Damit waren die Partei und der lokale Verwaltungsapparat direkt miteinander verbunden. 1972 und 1982/83 wurden nochmals Verwaltungsreformen durchgeführt, die wenig an der Übermacht der Partei bzw. der staatlichen Parteibürokratie auch gerade auf der Lokalebene änderten. 1982 wurde die Verwaltung des Landes in ca. 20 Regionen, 80 Distrikte, 480 Divisionen und 1.800 *Wards* (Unterbezirke) aufgeteilt. Letztere umfaßten auf dem Land in der Regel mehrere Dörfer sowie die örtlichen Parteizellen. Diese bilden die Grundlage des Verwaltungssystems, da über die Wards die Mitglieder des *District Council* gewählt wurden, wobei anzumerken ist, daß bis Anfang 1993 nur die Mitgliedschaft in der Partei das aktive bzw. passive Wahlrecht zu *District Councils* sicherte.

Ich habe die Verwaltungsgeschichte Tanzanias hier so ausführlich dargestellt, um deutlich zu machen, daß in Opposition zur Partei bzw. zum Staat keine tribale Politik betrieben werden konnte. Was die kolonialen Chiefs anging, wurden diese im Gegensatz zur Politik der fünfziger Jahre in den frühen sechziger Jahren nach und nach aus der Verwaltung und der institutionellen Politik herausgedrängt. Schon 1963 wurde vom Parlament ein Gesetz erlassen, das die öffentlichen Titel und die erblichen politischen Privilegien von Chiefs abschaffte.[45] Wie bereits oben erwähnt, hatten jedoch Chiefs als Parteimitglieder gerade in den späten fünfziger und frühen sechziger Jahren wichtige lokale Parteipositionen besetzt. Auch dieser Entwicklung wurde zügig ein Ende bereitet, da das Nationale Exekutivkomitee (*National Executive Council*) der TANU, das die Kandidaten für lokale Parteipositionen billigen oder ablehnen konnte, ab etwa 1965 dazu überging, die Aufstellung von ehemaligen Chiefs nicht mehr zu tolerieren. Hinzu kam, daß die lokalen Verwaltungsinstitutionen, wie die *District Councils*, im Laufe der siebziger und achtziger Jahre zunehmend an finanzieller und personeller Auszehrung litten, so daß Chiefs, selbst wenn sie in den *District Councils* eine "tribale" Politik verfolgt hätten, diese auf dieser Ebene nicht in die Realität hätten umsetzen können. Weiterhin war von Bedeutung, daß schon in den sechziger Jahren die Grenzen der Wahlkreise für das Parlament und die innerparteiliche Postenverteilung bewußt so gestaltet wurden, daß sich "tribale" Politik kaum institutionalisieren konnte.

Zusammenfassend läßt sich sagen, daß die Politik der Unabhängigkeitsbewegung in den fünfziger Jahren, insbesondere die anfängliche Integration von

Chiefs in die Partei und die egalitäre politische Orientierung, dem politischen Tribalismus im nachkolonialen Tanzania Grenzen gesetzt hat. In der nachkolonialen Zeit wurde diese Politik fortgesetzt und durch die Entmachtung der Chiefs auf lokaler Ebene in den sechziger Jahren vertieft. An dieser Stelle sei nochmals die wichtige politische Bedeutung Präsident Nyereres in dieser Frage erwähnt, der eine Tribalisierung der Politik stets entschieden ablehnte. Seine Haltung hat die öffentliche Diskussion um das Thema nachhaltig geprägt. Wie immer man auch den Einfluß Nyereres auf die tanzanische Politik einschätzt - er wird von vielen Tanzaniern zunehmend äußerst kritisch bewertet -, deutlich ist, daß die gewaltsamen tribalen Konflikte in den Nachbarländern von der großen Mehrheit der Tanzanier mit Schock und Schrecken registriert werden. Für die nach der Unabhängigkeit geborenen Generationen scheinen weder eine solche Form der politische Auseinandersetzung noch die damit einhergehende kulturelle Selbstverherrlichung einzelner "tribaler" Gruppen moralisch legitimiert zu sein.[46] Dies verweist auf die immense politische Bedeutung, den der Nationalismus als "moralische Anstalt" zumindest in dieser Hinsicht in Tanzania hatte.

Gleichwohl gibt es ethnisch begründete Stereotypen und Vorurteile in Tanzania, wie sich bei der Diskussion um die Frage der Position der indischen Minderheit zeigt. Auch haben bei der sich verschärfenden Konkurrenz um Jobs, Wohnraum und Schulplätze gearde in den achtziger Jahren ethnische Zuschreibungen eher an Gewicht gewonnen. Jedoch wurden diese alltägliche, eher ökonomisch bestimmte Konkurrenz und die eher unterschwelligen ethnisch begründeten sozialen Ressentiments weder innerhalb noch außerhalb der Partei institutionell politisiert. Bei der Regelung der zweifelos bestehenden politischen Konflikte der verschiedenen sozialen Gruppen wurde in der Vergangenheit auf den "Tribalismus" als politisches Programm verzichtet, und es kamen andere Differenzierungen, wie beispielsweise religiöse Vorstellungen, zum Tragen.[47] Eine der wichtigsten Fragen des gegenwärtigen politischen Reformprozesses lautet, ob dies auch so bleiben wird, wenn das Mehrparteiensystem langfristig die politische Vormachtstellung der Staatspartei CCM untergräbt.

5. Ausblick

Es ist bei weitem noch nicht möglich abzuschätzen, welche Ergebnisse der politische Reformprozeß in Tanzania bringen wird, da beispielsweise bisher noch keine allgemeinen Wahlen im Rahmen des Mehrparteiensystems stattgefunden haben. Diese sind erst für den späten Herbst des Jahres 1995 vorgesehen. Aus Tageszeitungen wie der regierungsnahen *Daily News* ist jedoch zu entnehmen, daß "ethnisch" begründete politische Argumente anscheinend an

Bedeutung gewinnen. Aus diesen Gründen sei die Entwicklung des Mehrparteiensystems hier kurz skizziert.

Die Wirtschaftskrise der achtziger Jahre, die Veränderungen der internationalen Politik mit dem Ende des Kalten Krieges und die veränderte Politik der Entwicklungshilfe-Geberländer haben neben den innenpolitischen Schwierigkeiten, die auf einen rapiden Legitimationsverlust der Staatspartei zurückzuführen sind, die Partei mit Unterstützung des Ex-Präsidenten Nyerere dazu veranlaßt, die Flucht nach vorne anzutreten und sich um ein neues Mandat im Rahmen des Mehrparteiensystem zu bemühen. Die im Mai 1992 eingeleitete Verfassungsänderung ermöglichte ab Juli des gleichen Jahres die Registrierung von politischen Parteien.

Bisher haben sich vier bedeutende Gruppierungen neben der CCM zur Teilnahme an den Wahlen angemeldet. Es handelt sich hierbei um die NCCR-*Mageuzi* (National Convention for Construction and Reform), die CUF (Civic United Front), die gespaltene UMD/UDF (Union for Multiparty Democracy/-United Democratic Front) und die CHADEMA (Party for Democracy and Progress). Keine der neuen Parteien hat bisher öffentlich versucht, aus den Vorurteilen gegenüber "ethnischen" afrikanischen Gruppen politisches Kapital zu schlagen. Jedoch gehört die Agitation gegenüber den Angehörigen der indischen Minderheit, selbst wenn diese tansanische Staatsbürger sind, mehr oder minder zum festen Bestand der neuen Parteien. Weiterhin scheint ein Teil dieser Parteien eine ausgeprägte regionale Machtbasis zu haben, die sich eventuell in "tribale" Politik umsetzen lassen könnte. Am deutlichsten ist dies bei der CUF, die sehr von zanzibarischen Interessen beeinflußt wird und der separatistische Neigungen nachgesagt werden. Bedeutsam ist hier auch die Politik der NCCR-Mageuzi. 1995 hat der ehemalige Innenminister A. Mrema die CCM verlassen und ist anschließend der NCCR beigetreten. In der Presse wurde berichtet, daß Mrema von dem ältesten Bruder des ehemaligen kolonialen Paramount Chief der Chagga (einer Sprachgruppe am Kilimanjaro) zum Vertreter der "Chagga" im Parlament ernannt worden ist. Diese Presseberichte sind möglicherweise lediglich eine politische Kampagne seiner politischen Gegner, die Mrema als "Tribalisten" verleumden wollen.[48]

Zusammenfassend läßt sich für die politische Entwicklung seit 1992 feststellen, daß in tanzanischen Zeitschriften, die hier in Europa zugänglich sind, kaum ethnisch begründete politische Debatten geführt worden sind. Den Berichten politischer Beobachter zufolge fehlt es den Oppositions-Parteien wie übrigens auch der CCM an einem eindeutigen politischen Profil. In den letzten drei Jahren hat keine der Oppositionsparteien versucht, Anhänger oder Stimmen bei den bereits nach dem neuen Wahlrecht abgehaltenen vier Nachwahlen für freigewordene Parlamentssitze durch das Ausspielen der ethnischen Karte zu gewinnen. Statt dessen wird auf eine Art nachkolonialen Nationalismus gesetzt, wie er in der bereits erwähnten Agitation gegenüber der indische Minderheit und in einer Debatte um die verfassungsrechtliche Stellung Zanzibars innerhalb der Föderation/Union zwischen Tanganyika und Zanzibar zum Ausdruck kommt.

6. Zusammenfassung

In diesem Beitrag wurde argumentiert, daß tribale Konflikte historisch bedingt sind, wobei die Form der Errichtung des territorialen Kolonial- bzw. des Nationalstaats auf lokaler Ebene eine besonders wichtige Rolle gespielt hat. Es wurde versucht zu zeigen, daß die "Eingeborenenpolitik" der deutschen Kolonialverwaltung, die *Indirect Rule*-Politik der britischen Kolonialverwaltung und die nachkoloniale politische Entwicklung keine dauerhafte Tribalisierung der Politik in Tanzania bewirkt haben. Die Gründe dafür sind:

1. In der deutschen Kolonialperiode wurden vorkoloniale lokale politische Herrschaftsverbände zum größten Teil fragmentiert, und es wurde ein lokales Verwaltungssystem eingerichtet, das sich auf ortsfremde Akiden stützte. Nach dem I. Weltkrieg wurde dieses System von den Briten reformiert und das *Indirect Rule*-System etabliert, welches sich auf "neo-traditonelle" Chiefs stützte.

2. Die daraus folgende Diskontinuität der lokalen Eliten und die Tatsache, daß die britischen kolonialen Chiefs tatsächlich nur sehr kurze Zeit in Amt und Würden waren, führte dazu, daß eine "Tribalisierung" der Politik wie in anderen Ländern nicht stattfinden konnte.

3. Die Politik der TANU und später der CCM unter der Führung von Julius Nyerere richtete sich schon seit den fünfziger Jahren aktiv gegen den politischen Tribalismus. Die Abschaffung der politischen Privilegien der Chiefs im Jahr 1963 sowie die Minderung der politischen Bedeutung der Distriktverwaltung verstärkte diese Politik und setzte sie praktisch um.

4. Im Mehrparteiensystem hat sich eine "tribalistische" Politik, wie sie aus den Nachbarländern nur zu schrecklich bekannt ist, (noch) nicht bemerkbar gemacht. In diesem Zusammenhang sei darauf hingewiesen, daß nicht nur die Ereignisse im Nachbarland Rwanda, sondern insbesondere auch jene im ehemaligen Jugoslawien in der öffentlichen Diskussion in Tanzania als besonders abschreckende Negativbeispiele für den politischen Tribalismus genannt werden. Es ist zu hoffen, daß es dabei bleiben wird.

Anmerkungen

1 Diese kontrafaktische Fragestellung ist natürlich ein gewagtes Unternehmen, denn schließlich beschäftigen sich Historiker normalerweise mit der Interpretation von Ereignissen, die tatsächlich stattgefunden haben, und nicht mit solchen, die nicht (oder noch nicht) geschehen sind.

2 Neben John Iliffe sind hier insbesondere auch zu nennen: Roberts, A. D. (Hrsg.): Tanzania before 1900, Nairobi 1968; Kimambo, I. N./Temu, A. J. (Hrsg.): A History of Tanzania, Nairobi 1969; Tetzlaff, R.: Koloniale Entwicklung und Ausbeutung. Wirtschafts- und Sozialgeschichte Deutsch-Ostafrikas 1885-1914, Berlin 1970; Kaniki, M. H. Y. (Hrsg.): Tanzania under Colonial Rule, London 1980; Coulson, A.: Tanzania: A Political Economy, Oxford 1982; Herzog, J.: Geschichte Tanzanias, Berlin 1986; Koponen, J.: Development for Exploitation. German Colonial Policies in Mainland Tanzania, 1884-1914, Helsinki/Hamburg 1995. Ich möchte mich an dieser Stelle ausdrücklich für die vielen hilfreichen Hinweise bedanken, die ich von Achim von Oppen, Heike Schmidt, Peter Sebald, Christian Wagner, Albert Wirz und Thomas Zitelmann für diese Arbeit erhalten habe.

3 Allen, T.: "Are We Really the Same People?": Some Local Experiences of African Tribal Antagonism, Vortrag gehalten auf dem Symposium "Ethnicity and War", San Marino 19.-24.3.1994; Lentz, C.: "Tribalismus" und Ethnizität in Afrika: Ein Forschungsüberblick, Sozialanthropologische Arbeitspapiere Nr. 57, Freie Universität Berlin/Institut für Ethnologie, Berlin 1994. Beide Autoren stützen sich auf die Arbeiten der britischen Historiker J. Lonsdale, B. Berman und T. O. Ranger; siehe Ranger, T. O.: The Invention of Tradition Revisited: The Case of Colonial Africa, in: Ranger, T. O./Vaughan, O. (Hrsg.): Legitimacy and the State in Twentieth Century Africa: Essays in Honour of A. M. H. Kirk-Greene, London 1993, S. 62-111 und Berman, B./Lonsdale, J.: Unhappy Valley: Clan, Class and State in Colonial Kenya, 2 vols., London 1992. Siehe auch die grundlegende Aufsatzsammlung von Vail, L. (Hrsg.): The Creation of Tribalism in Southern Africa, London 1989. Zur neueren deutschen Diskussion, siehe Scheffler, T.: Ethnoradikalismus: Zum Verhältnis von Ethnopolitik und Gewalt, in: Seewann, G. (Hrsg.): Minderheiten als Konfliktpotential in Osteuropa und Südosteuropa, München 1995, S. 9-47. Für Tanzania siehe Aschenbrenner-Wellmann, B.: Ethnizität in Tanzania: Überlegungen zu Bedeutung der Ethnizität im Rahmen des gesellschaftlichen Wandels, München 1991.

4 In dieser Terminologie kann es daher keine "ethnischen" Konflikte als solche geben, sondern nur politische (oder tribale) Konflikte, die von den streitenden Parteien ethnisch begründet werden. Diesem Ansatz liegt somit die gleiche Unterscheidung von einer nach innen gekehrten "moralischen Ethnizität" und einem nach außen orientierten "politischem Tribalismus" zugrunde, wie sie von John Lonsdale in seinem Aufsatz Moral Ethnicity and Political Tribalism, in: Kaarsholm, P./Hultin, J.: Inventions and Boundaries: Historical and Anthropological Approaches to the Study of Ethnicity and Nationalism, Roskilde 1994, S. 131-150, entwickelt wurde. Es sollte jedoch bedacht werden, daß diese Kategorien einen eher analytischen als empirischen Charakter besitzen, da in der Realität beide Phänomene häufig zusammen auftreten.

5 Siehe hierzu auch Peel, J. D. Y.: The Cultural Work of Yoruba Ethnogenesis, in: Tonkin, E./McDonald, M./Chapman, M. (Hrsg.): History and Ethnicity, London 1989, S. 198-215.

6 Elwert, G.: Nationalismus und Ethnizität. Über die Bildung von Wir-Gruppen, in: Kölner Zeitschrift für Soziologie und Sozialpsychologie, III (1989), S. 440-464.

7 Zu diesem Ansatz siehe Feierman, S.: Peasant Intellectuals: Anthropology and History in Tanzania, Madison/Wisconsin 1990, S. 17-27; Willis, J.: The Administration of Bonde 1920-60: A Study of the Implementation of Indirect Rule in Tanganyika, in: African Affairs, 92 (1993) 366, 53-68.
8 Mit der männlichen Form "Tanzanier" sind hier selbstverständlich auch "Tanzanierinnen" gemeint.
9 Auch wird hier ein "natürlicher" Zusammenhang von Sprache und Ethnizität behauptet, der - wenn man der neueren Sprachforschung folgt - gerade auch für das Kiswahili nicht gegeben ist. Siehe hierzu die Einführung in Fabian, J.: Language and Colonial Power, Cambridge 1986, S. 1-41.
10 Siehe beispielsweise Peel, a.a.O.; Ranger, T. O.: The Invention of Tribalism in Zimbabwe, Mambo Occasional Papers - Socio-Economic Series No.19, Mambo Press, Gweru 1985.
11 Siehe beispielsweise für die Makonde im Südosten des Landes: Liebenow, J. G.: Colonial Rule and Political Development in Tanzania: The Case of the Makonde, Evanston 1971.
12 Siehe Iliffe, Modern History, a.a.O., S. 80. Siehe auch Abrahams, R. G.: The Political Organization of the Unyamwezi, Cambridge 1967, S. 1-47.
13 Nebenbei sei hier auch angemerkt, daß aus diesem Grund ethnographische Statistiken und die auf ihnen aufbauenden ethnischen Landkarten nur einen geringen **historischen** Aussagewert für die Betrachtung der Entwicklung von "Ethnizität" haben. Im Jahr 1967 bezeichneten sich z.B. 13% der Bevölkerung Tanzanias als "Sukuma". Aus dieser Aussage können jedoch nur geringe Rückschlüsse gezogen werden, da es Ende des 19. Jahrhundert weder den Namen noch einen "Stamm" mit dem Namen Sukuma gegeben hat. Dieser taucht überhaupt erst in der Zwischenkriegszeit auf und bedeutete in der Sprache der Region ursprünglich "Leute, die im Norden wohnen". Siehe Iliffe, Modern History, a.a.O., S. 9. Siehe auch Brandström, P.: Who is a Sukuma and Who is a Nyamwezi. Ethnic Identity in West Central Tanzania, Uppsala 1986; Austen, R.: Northwest Tanzania under German and British Rule. Colonial Policy and Tribal Politics 1889-1939, New Haven/London 1968.
14 Es sollte hier angemerkt werden, daß in Rwanda und Burundi, die vor dem I. Weltkrieg ebenfalls zu Deutsch-Ostafrika gehörten, eine gänzlich andere Politik verfolgt wurde. Hier wurden Residenturen eingerichtet, die nur eine beratende Funktion ausüben sollten. Zur Geschichte Rwandas siehe Newbury, C.: The Cohesion of Oppression: Clientship and Ethnicity in Rwanda, 1860-1960, New York 1988.
15 Dieser wie auch die folgenden Paragraphen beruhen im wesentlichen auf J. Iliffe, Modern History, a.a.O., insbesondere Kap. 4, The German Conquest, S. 88-122, und Kap. 10, The Creation of Tribes, S. 318-341.
16 Zu diesen Angaben siehe Iliffe, J.: Tanganyika under German Rule 1905-1912, Cambridge 1969, passim, und Koponen, Development, a.a.O., S. 110f.
17 Inwieweit die politische Fragmentierung der vorkolonialen zentral organisierten Gesellschaften durch die Tatsache begünstigt wurde, daß diese im Vergleich zu den Nachbarländern erst seit relativ kurzer Zeit, in der Regel weniger als zwei Generationen, als politische Einheiten bestanden hatten, kann hier nicht weiter diskutiert werden und muß der weiteren Forschung überlassen bleiben. Sicherlich besteht hier ein Unterschied zu den älteren Königtümern und Sultanaten, wie sie beispielsweise in Uganda oder Nord-Nigeria bestanden hatten.
18 Siehe Wirz, A.: Die deutschen Kolonien in Afrika, in: von Albertini, R. in Verbindung mit Wirz, A.: Europäische Kolonialherrschaft 1880-1940, Zürich 1985², S. 302-327. Die deutschen Kolonialverwaltung meinte mit der Verwendung von ortsfremden Akiden das vorkoloniale zanzibarische Herrschaftssystem auf dem Festland nachzuahmen. Sie über-

sah allerdings dabei, daß dieses System vor allem durch gemeinsame, insbesondere ökonomische, Interessen der lokalen Bevölkerung und der zanzibarischen Verwaltung getragen wurde und nicht auf hierarchischen Herrschaftsbeziehungen beruhte. Siehe Deutsch, J.-G.: Inventing an East African Empire: The Zanzibar Delimitation Commission of 1885/1886, in: Heine P./van der Heyden, U. (Hrsg.): Studien zur Geschichte des deutschen Kolonialismus in Afrika, Pfaffenweiler 1995, S. 210-219.
19 Vgl. hierzu Iliffe, Tanganyika, a.a.O., S. 38-57.
20 In der Frühphase der deutschen Kolonialherrschaft hatten diese Grenzziehungen zunächst kaum reale Bedeutung. Es wäre interessant, näher zu untersuchen, wie sich im Verlauf der deutschen und britischen Kolonialzeit diese internen kartographischen Grenzen allmählich in tatsächliche Grenzziehungen verwandelten, zumal dieser Prozeß einherging mit dem Niedergang der eher willkürlichen personellen Herrschaft der einzelnen Stationsleiter über ihre jeweiligen Verwaltungsbezirke.
21 Siehe Iliffe, J.: The Effects of the Maji Maji Rebellion of 1905-1906 on German Occupation Policy in East Africa, in: Gifford, P./Louis, W. M. (Hrsg.): Britain and Germany in Africa: Imperial Rivalry and Colonial Rule, New Haven/London 1968, S. 557-575.
22 Siehe: Abstract from Pangani District Book, District Annual Report for the Year 1930, in: Rhodes House Library, Oxford, Mirc. Afr. 472, R. 1.
23 Siehe Moore, S. F.: Social Facts and Fabrications: Customary Law on Kilimanjaro, 1880-1980, Cambridge 1986; Redmayne, A.: The Wahehe People of Tanganyika, University of Oxford D. Phil. thesis, Oxford 1964. Siehe auch Anmerkung 16.
24 Dies ist beispielsweise jüngst für die Sprachgruppe der Yoruba in Süden Nigerias und für die Sprachgruppe der Kikuyu in Kenia herausgearbeitet worden. Siehe Law, R.: Local Amateur Scholarship in the Construction of Yoruba Ethnicity, 1880-1914, paper presented to the conference on "Ethnicity in Africa", University of Edinburgh, 24-26 May 1995; Lonsdale, J.: Moral Ethnicity and Political Tribalism, in: Kaarsholm, P./Hultin, J.: Inventions and Boundaries: Historical and Anthropological Approaches to the Study of Ethnicity and Nationalism, Roskilde 1994, S. 131-150.
25 Siehe Gifford, P.: Indirect Rule: Touchstone or Tombstone for Colonial Policy? in: Gifford/Louis, a.a.O., S. 351-391.
26 Ebenda; Watson, W.: British Colonial Policy and Tribal Political Organization, in: Arens, W. (Hrsg.): A Century of Change in Eastern Africa, The Hague 1976, S. 169-181. Siehe auch Ranger, T. O.: Making Northern Rhodesia Imperial: Variations on a Royal Theme, African Affairs, 79 (1980), S. 349-373, und Kuklick, H.: Tribal Exemplars: Images of Political Authority in British Anthropology, 1885-1945, in: Stocking, G. W. (Hrsg.): Functionalism Historizised. Essays on British Social Anthropology, Madison 1984, S. 59-82.
27 Siehe Austen, R. A.: The Official Mind of Indirect Rule: British Policy in Tanganyika, 1916-1939, in: Gifford/Louis, a.a.O., S. 577-606, und Graham, J. D.: Indirect Rule: The Establishment of 'Chiefs' and 'Tribes' in Camerons Tanganyika, in: Tanzania Notes and Records, 77 (1976), S. 1-9. Siehe auch Willis, a.a.O. Die wichtigsten veröffentlichten Dokumente sind hier die *Native Authority Ordinance*, Dar es Salaam 1926, und die *Native Administration Memoranda*, Dar es Salaam 1930, deren Kopien im Public Record Office, London (CO 691: Tanganyika Original Correspondence, 1916-1951) zu finden sind.
28 Graham, a.a.O., S. 4.
29 Diese Berichte hatten übrigens nachfolgend erhebliche Bedeutung für die wissenschaftlichen Forschungsarbeiten der damaligen britischen Sozialanthropologie, da deren führenden Vertreter die Perspektive der Kolonialverwaltung zumindest teilweise teilten. Siehe Kuklick, a.a.O., S. 59-82.
30 Siehe Graham, a.a.O., S. 5.

31 Die Akten der britischen Lokalverwaltung sind in den sechziger Jahren verfilmt worden und können nun in Rhodes House Library, Oxford, eingesehen werden. Zu den Schwierigkeiten, einen Chief zu finden, siehe beispielsweise Micr. Afr. 472 R. 13, Dar es Salaam District Book, "Note" vom 30. März 1930.
32 Siehe Law, a.a.O., S. 1ff.
33 Siehe Pearce, R. D.: The Turning Point in Africa. British Colonial Policy 1938-48, London 1982, S. 132-161.
34 Iliffe, Modern History, a.a.O., S. 475-484.
35 Am Rande sei hier nur erwähnt, daß im Jahr 1946 von den ersten vier offiziell ernannten afrikanischen *Legislative Council*-Mitgliedern drei den Titel *Chief* trugen.
36 Zur der Diskussion über Alltagserfahrung von Herrschaft siehe die Einleitung zu Lüdtke, A. (Hrsg.): Herrschaft als soziale Praxis. Historische und sozial-anthropologische Studien, Göttingen 1991, S. 1-23, und Scott, J. C.: Domination and the Art of Resistance. Hidden Transcripts, New Haven/London 1990.
37 Siehe beispielsweise Afigbo, A. E.: The Warrant Chiefs: Indirect Rule in Southeastern Nigeria, 1891-1929, London 1972.
38 Siehe Legum, C./Mmari, G. (Hrsg.): Mwalimu. The Influence of Nyerere, London 1995.
39 Siehe Coulson, a.a.O., S. 119.
40 So sind beispielsweise Chief Abdallah Fundikira und Chief Adam Sapi in den fünfziger Jahren in den Parteivorstand der TANU gewählt worden.
41 Iliffe, Modern History, a.a.O., S. 533.
42 Siehe Hyden, G.: Beyond Ujamaa in Tanzania: Underdevelopment and an Uncaptured Peasantry, London 1980.
43 Zu diesem Problemfeld führt der Berliner Historiker und Ethnologe Dr. Achim von Oppen z.Z. eine Studie durch, auf dessen Sachkenntnis ich mich hier stütze. Ihm sei hier gedankt.
44 Zur Verwaltungsgeschichte Tanzanias siehe Dryden, S.: Local Administration in Tanzania, Nairobi 1968; Max, J. A. O.: The Development of Local Government in Tanzania, Dar es Salaam 1991, und Ngware, S./Haule, M.: The Forgotten Level: Village Government in Tanzania, Hamburg 1993.
45 Siehe Herzog, a.a.O., S. 179f.
46 Diese Beschreibung stützt sich auf Beobachtungen und Gespräche während eines Feldforschungsaufenthalts des Autors in Tanzania in der zweiten Jahreshälfte 1992. Inwieweit die oben erwähnten regionalen religiösen Spannungen quasi-"tribalistische" Konflikte darstellen, kann hier nicht weiter ausgeführt werden.
47 Es wäre lohnenswert, genauer zu untersuchen, auf welche Weise politische Konflikte in Tanzania "oberhalb", bzw. "unterhalb" der Ebene des Tribalismus ausgetragen wurden. Dies kann jedoch hier nicht geleistet werden.
48 Siehe Erdmann, G.: Politische Transformation in Afrika: Gesteuerte Demokratisierung in Tanzania - Probleme und Perzeptionen auf dem Lande, in: Materialien und Kleine Schriften, Nr. 158, Institut für Entwicklungsforschung, Ruhr-Universität Bochum, Bochum 1995.

Achim von Oppen

Matuta. Landkonflikte, Ökologie und Entwicklung in der Geschichte Tanzanias

Einleitung

Der Schutz der "natürlichen Ressourcen" hat zur Zeit hohe Priorität in den Entwicklungsprogrammen für das ländliche Tanzania. So sind etwa im *Tanzania Forestry Action Plan*, der 1990 in Kraft trat, bis zum Jahre 2008 Ausgaben von insgesamt etwa 670 Millionen US-$ für eine Vielzahl von Entwicklungsmaßnahmen vorgesehen, deren gemeinsamer Nenner der Schutz von Boden, Wald, Weide, Wasser und Fauna ist.[1] Tatkräftige Unterstützung findet diese Schwerpunktsetzung auf "Ressourcenschutz" bei den internationalen Entwicklungshilfegebern. Auch von deutscher Seite fördern staatliche Agenturen und Nichtregierungs-Organisationen seit Jahren Erosionsschutz- und Aufforstungsprojekte. Über seiner heutigen Aktualität sollte jedoch nicht vergessen werden, daß die Betonung des Schutzes der Natur in der offiziellen Entwicklungspolitik dieses ostafrikanischen Landes keineswegs neu ist. In meinem Beitrag möchte ich einen Überblick über die Geschichte der ländlichen Entwicklung im Festlandgebiet Tanzanias geben und dabei diesen Aspekt in den Mittelpunkt stellen. Staatlich betriebene Naturschutzmaßnahmen spielten im Laufe der letzten 100 Jahre immer wieder eine große Rolle, wobei es jedoch sehr wechselhafte Konjunkturen und sehr unterschiedliche Reaktionen der Bevölkerung gab.[2]

Es geht mir hier weniger um die Frage, inwieweit diese Bemühungen langfristig "erfolgreich" waren. Dazu müßte der Blickwinkel der Untersuchung erheblich erweitert werden und in Richtung auf eine "historische Umweltforschung" gehen. Das heißt, es müßten einerseits die Umweltwirkungen indigener, d.h. hier: von staatlichen Maßnahmen unbeeinflußter Landnutzungsformen einbezogen, andererseits auch die vielen "Nebenwirkungen" anderer staatlicher Interventionen berücksichtigt werden. Ansätze in dieser Richtung sind von kompetenter Seite bereits vorgelegt worden.[3] Speziell zu Ostafrika gab es in den 1970er und 80er Jahren eine lebhafte Diskussion, ob geplante und ungeplante Auswirkungen der Kolonialpolitik zu einer Zunahme oder vielmehr zu einem drastischen Verlust an "Umweltkontrolle" durch die ländliche Bevölkerung geführt haben. Dabei wurde auch deutlich, daß selbst gezielte Naturschutzmaßnahmen durchaus nicht immer zu einer Stabilisierung ökologischer Prozesse führen.[4]

Diese Arbeiten beschäftigen sich allerdings m.E. zu wenig mit den weiteren Kontexten solcher Maßnahmen. Um deren differenzierteres Verständnis soll es in diesem Beitrag gehen. Planmäßige Eingriffe in die Formen der Aneignung der Natur sind nie das Werk einzelner Akteure, sondern ein Feld sozialer und politischer Auseinandersetzungen und Aushandlungsprozesse, auch innerhalb "des" Staatsapparats. Auch im Gebiet des heutigen Tanzania waren staatlich geförderte Maßnahmen ländlicher Entwicklung, speziell solche mit Naturschutzzielen, sowohl während als auch nach der Kolonialzeit umstritten, teilweise sogar heftig. Diese Konflikte erklären sich im Zusammenhang einer Reihe breiterer historischer Prozesse, auf die die folgende, längsschnittartige Betrachtung der wechselnden Konjunkturen und Dynamiken der Naturschutzpolitik in Tanzania einen Ausblick eröffnen soll.

Naturschutzmaßnahmen beziehen sich zwar auf reale Tendenzen ökologischer Degradation, können jedoch nicht nur als mehr oder weniger geeignete Versuche betrachtet werden, diese Tendenzen aufzuhalten oder umzukehren. Zunächst sind sie oft eine Begleiterscheinung verstärkter Nutzung natürlicher Ressourcen, an die sich handfeste Interessen knüpfen. Insbesondere geht es dabei um die Veränderung bestehender Rechte an Boden, Wasser, Wald und Weide (die ich hier zusammenfassend "Landrechte" nennen möchte).[5] Ganz allgemein hängt jede Form der Landnutzung untrennbar mit der Frage zusammen, wer die dabei benötigten Ressourcen kontrolliert. Gerade in Afrika, wo gewohnheitsrechtlich die effektive Nutzung des Landes eine wesentliche Grundlage für Besitzansprüche bildet, stellen Eingriffe in die Landnutzung eine der gängigen Strategien unterschiedlicher sozialer Akteure dar, bestehende Landrechte auszuweiten oder zu behaupten. So dienten Verweise auf die Notwendigkeit des Naturschutzes (nicht nur) in Tanzania immer wieder zur Rechtfertigung für Versuche, die Rechte von Repräsentanten des Staates in der zentralen und lokalen Verwaltung gegenüber der bäuerlichen Bevölkerung auszuweiten, worauf diese entsprechend reagierte. Diese Konfliktlinie setzte sich aber auch innerhalb der Dörfer fort: Immer wieder haben lokale Interessengruppen versucht, Maßnahmen, die dem Naturschutz dienen sollten, für ihre Interessen zu instrumentalisieren. Dabei ging es nicht allein um sozioökonomische Interessen an der Verteilung materieller Güter, sondern auch um soziopolitische Interessen an der Erhaltung bzw. Ausweitung von Macht.

Die Auseinandersetzungen um "Naturschutz" in der Geschichte Tanzanias drehten sich allerdings nie allein um konkrete Maßnahmen, sondern immer auch um darin implizierte normative Konzepte. Dies betrifft zunächst die grundlegenden Vorstellungen von "Natur". Deren Deutung als "belastete" und daher zu schützende "Ressource", die der geplante "Naturschutz" wiederspiegelte,[6] erhielt besondere Bedeutung im Rahmen der politischen Ökonomie der Kolonialgebiete.[7] Sie standen sehr im Gegensatz zu indigenen afrikanischen Vorstellungen einer wechselseitigen Beziehung zwischen der bewohnten Welt der Menschen und der von Geistern belebten Natur.[8] Dieser wichtige Zusammenhang kann hier nicht weiter verfolgt werden; wenn im folgenden von "Naturschutz" die Rede ist, so ist damit kein objektiver Tatbestand, sondern die eben angedeutete politisch-normative Absicht bzw. Denkform gemeint. Ein damit zusammenhängender Aspekt, der sich durch die Debatten um "Naturschutz" im Gebiet des heutigen Tanzania zog, war die Frage des Verhältnisses von Ökologie und Entwicklung.[9] Schließlich spielten unterschiedliche, oft widersprüchliche Konzeptionen von Landrechten regelmäßig in diese Auseinandersetzungen hinein. Diese Konzeptionen waren gerade in Afrika besonders heterogen und in besonderem Maße abhängig von Aushandlungsprozessen.[10] Nur vordergründig dienten sie der Rechtfertigung unterschiedlicher Interessenstandpunkte; zugleich artikulierten sie auch jeweils mehr oder weniger explizite Vorstellungen von "Gemeinwohl".

Der letztgenannte Aspekt verweist auf einen weiteren normativen Hintergrund der Naturschutzpolitik, dem hier besonders nachgegangen werden soll: den historischen Prozeß der Neubestimmung und Ausweitung eines (sachlich wie räumlich verstandenen) Bereichs "öffentlicher Angelegenheiten". Hier geht es um einen zentralen Aspekt der Organisation und Legitimation des "modernen" Zentralstaats, der sich im Gebiet des heutigen Tanzania seit Ende des 19. Jahrhunderts herausbildete. Die Bestimmung der Natur als "öffentliche" Ressource, die die Grundlage agrarischer Produktion bildet, deren Fruchtbarkeit aber auch im Interesse der Allgemeinheit und der kommenden Generationen bewahrt werden muß, wurde hier zu einer besonders wichtigen Rechtfertigungsbasis staatlicher Machtentfaltung. Die räumlichen Einteilungen und Angrenzungen dieser "Ressource", die im Zusammenhang des Naturschutzes unternommen wurden, unterstützten zugleich die allgemeine Tendenz, staatliche Macht bis hinunter auf die lokale Ebene territorial zu organisieren. Der Umbau und die Ausweitung "öffentlicher Räume", wie sie etwa im Zeichen des Naturschutzes im Laufe der letzten hundert Jahre in Afrika vor sich gingen, waren insofern immer ein wichtiges Moment des großen Projekts "Territorialstaat", das heute auch in Tanzania wieder an einem kritischen Punkt angelangt zu sein scheint.

Die Rhetorik von "Öffentlichkeit" bringt zugleich eine gewisse Ambivalenz in derartige Prozesse der Staatsbildung. Auch bürokratisch vorgegebene "öffentliche Räume" können zu Arenen werden, in denen kontroverse Interessen real ausgehandelt werden. Der Anspruch, "öffentliche Angelegenheiten" am besten zu vertreten, wird nicht nur vom sich etablierenden Staat, sondern auch von anderen lokalen Akteuren zur Stärkung ihres Einflusses genutzt. Schließlich konstituieren sich "der Staat" oder "lokale Gemeinschaften" als kollektive Akteure in gewissem Maße selbst erst durch die Definition und Aushandlung "öffentlicher Angelegenheiten". So eröffnet die Geschichte der "öffentlichen" Aneignung von Natur eine neue Sicht auf die vielfältigen, oft widersprüchlichen Versuche, soziale Ordnung auf nationaler wie auf lokaler Ebene zu (re)konstruieren.[11]

Der Kolonialstaat als Schutzmacht der Natur?

Ende 1890 übernahm das deutsche Reich die von der Deutsch-Ostafrikanischen Gesellschaft kontrollierten Territorien im heutigen Tanzania - einen vom Sultan von Zanzibar gepachteten Küstenstreifen und etliche durch "Schutzverträge" annektierte Gebiete im näheren Hinterland - in direkte Verwaltung.[12] Eine der ersten Sorgen des neuen "Kaiserlichen Gouvernements" galt der Regulierung europäischer Landnahme für private Plantagen.[13] Großflächige Aneignung afrikanischen Landes durch deutsche Siedler fand in den 1890er Jahren vor allem im Nordosten der Kolonie statt, in den heutigen Regionen Kilimandjaro und Tanga. Daher richtete sich schon früh die Aufmerksamkeit der Regierung auf die Ökologie der dort gelegenen Hochländer, deren Feucht- und Regenwaldbestand entscheidend für den Wasserhaushalt der umgebenden Tiefländer ist. Hinzu kam, daß in einigen dieser Hochländer durch exzessiven Plantagenbau der Landdruck erheblich angestiegen war. Degradationserscheinungen von Vegetation und Boden in diesen Gebieten wurden daher von Anfang an sehr deutlich wahrgenommen und zur Begründung für staatliche Interventionen genommen. Zugleich richteten sich diese Maßnahmen jedoch auch gegen gängige Landnutzungspraktiken der einheimischen Bevölkerung, insbesondere Abbrennen, Holzeinschlag, Waldweide und Jagd.[14]

So erging ab den frühen 1890er Jahren eine Fülle landesweiter Verbote und Einschränkungen solcher Nutzungsformen. Zunächst, und besonders einschneidend, wurde 1893 das Abbrennen von Wald-, Busch- und Grasland generell verboten und unter Strafe gestellt.

1895, noch im Jahr seines Amtsantritts, erließ Gouverneur v. Wissmann dann "zunächst" speziell für die im Hinterland von Tanga gelegenen und stark von europäischer Landnahme betroffenen Usambara-Berge die erste "Waldordnung". Sie stellte die Abholzung natürlicher Waldbestände auf Bergkuppen, an Steilhängen und entlang von Wasserläufen unter harte Strafen bzw. schrieb die Erhaltung bestimmter Mindestbestände vor.[15]

Ähnliche Maßnahmen legte dann eine Verordnung von 1899 speziell für Plantagenländereien fest, und zwar nun für alle küstennahen Hochländer. Im gleichen Jahr wurden erstmals landesweit die Erhebung von Gebühren für kommerziellen Holzeinschlag verfügt.

Diese Bestimmungen wurden in der "Waldschutzverordnung" von 1904 ausgebaut, durch die das Gouvernement das Recht erhielt, die Gewinnung jeglicher Walderzeugnisse mit Gebühren zu belegen, einzuschränken oder gebietsweise ganz zu verbieten.[16] Diese Rechte scheinen aber nur auf Holz, Rinde, Bienenerzeugnisse und Wildkautschuk angewandt worden zu sein.

Systematisiert wurden die genannten Regelungen schließlich in der "Verordnung, betreffend die Erhaltung von Privatwaldungen" von 1908 und in der "Waldschutzverordnung" von 1909.[17] Hier wurden Schutzvorschriften und Nutzungsbedingungen deutlicher als zuvor nach dem Rechtsstatus der jeweiligen Fläche unterschieden. In den Ausführungsvorschriften lag das Schwergewicht dabei eindeutig auf dem nicht in Privatbesitz genommenen, staatlich reservierten "Kronland" (siehe dazu die Ausführungen im nächsten Abschnitt).

In etwa parallel entwickelte sich die Wildschutzpolitik. Die erste "Verordnung betr. die Schonung des Wildbestandes", die 1896 ebenfalls von v.Wissmann erlassen wurde, stellte jegliche Jagdtätigkeit unter Lizenzpflicht und bedeutete gerade für Afrikaner unverhältnismäßig hohe Zahlungsanforderungen.[18] Die Jagd mit traditionellen Waffen für die Selbstversorgung war zwar frei, doch bedeutete das durch die nachfolgende "Jagdschutzverordnung" von 1903 noch bekräftigte Verbot der Netz-, Feuer- und Treibjagd eine schwerwiegende Einschränkung autochthoner Techniken der Beschaffung von Nahrungs- und Tauschmitteln.[19] Verstöße gegen diese Bestimmungen waren besonders bei Afrikanern mit drakonischen Strafen bedroht; sie wurden allerdings nicht überall verfolgt, am ehesten offenbar in der Nähe von Verwaltungsstationen und städtischen Siedlungen.

Personell oblag die Kontrolle der Naturschutzverordnungen den Vertretern der Staatsmacht auf lokaler Ebene. Bis zur Einrichtung einiger weitverstreuter Forstämter und Forststationen (ab 1903) waren dies ausschließlich die deutschen "Bezirksamtmänner" (bzw. "Bezirkschefs" in den unter Militärverwaltung stehenden Distrikten) mit ihren jeweiligen "Wachtmeistern" und einheimischen "Askaris"; auch die örtlichen "Akiden" und "Jumben" (eingesetzte bzw. anerkannte Gebiets-, "Stammes"-, "Clan"- und Dorfchefs afrikanischer oder arabischer Herkunft) wurden als "Hilfsbeamte" zur Durchsetzung der Forstgesetze eingesetzt, z.T. gegen Bezahlung.[20] Alle diese Akteure waren gleichzeitig auch mit anderen staatlichen Funktionen wie Steuereintreibung, Rekrutierung von Arbeitskräften, Sicherung von Ruhe und Ordnung usw. beschäftigt. Der Naturschutz gehörte also von Anfang an zum Arsenal der Zwangsmaßnahmen, mit deren Hilfe sich die neuen Vertreter der Staatsmacht auf lokaler Ebene durchsetzen sollten. Zugleich diente er jedoch auch als ein wichtiger Beleg für den Anspruch des Zentralstaats, im "öffentlichen Interesse" zu handeln.

Dieser Anspruch erforderte allerdings auch Bemühungen um die Neubestimmung legitimer Macht und sozialer Gemeinschaft auf lokaler Ebene. Umfassend versucht wurde dies erst mit dem System des *Indirect Rule* in der britischen Zeit (s.u.). Weniger bekannt ist die Einführung (ab 1898) von am Modell der preußischen Selbstverwaltung orientierten "Kommunalverbänden" auf Bezirksebene.[21] Sie konnten selbständig über bis zur Hälfte des lokalen Steueraufkommens verfügen und sollten gemeinnützige Aufgaben wie Wegebau, die "Förderung der Landeskulturen" und den Interessenausgleich mit der afrikanischen Bevölkerung fördern. Sie hätten potentiell auch auch ein Forum zur Aushandlung von Problemen des Naturschutzes bieten können. In der Praxis setzten die "Bezirksräte" der Kommunalverbände jedoch das "Gemeinwohl" fast ausschließlich mit den Interessen der wenigen europäischen Pflanzer und Siedler gleich; Maßnahmen zur "Ansiedlung Farbiger" auf der Basis stationären Feldbaus zwecks Hebung der Nahrungsproduktion scheiterte an deren Umlenkung zugunsten von Siedlerinteressen.[22] Der Anspruch einer Legitimation der Macht durch Wahrnehmung "öffentlicher Belange" gegenüber der afrikanischen Bevölkerungsmehrheit blieb bis gegen Ende der deutschen Zeit auf lokaler Ebene sehr schwach ausgeprägt; soweit überhaupt vorhanden, konzentrierte er sich auf die Ebene des Zentralstaats.

In bezug auf Landrechte kommt dieser Anspruch am deutlichsten in der sogenannten Kronlandverordnung von 1895 zum Ausdruck, die auch die rechtlichen Vorraussetzungen für staatliche Naturschutzmaßnahmen in der deutschen Kolonialzeit schuf.[23] Hier wurde, in Anlehnung an die Landgesetzgebung in anderen europäischen Kolonien, aber auch an das preußische Landrecht, ein exklusives Vorrecht der Aneignung alles "herrenlose" Land innerhalb der Grenzen Deutsch-Ostafrikas zu "Kronland" bestimmt, auf das die deutsche Verwaltung (genauer: der Fiskus) ein exklusives Recht der Besitzergreifung erhielt. Dabei wurde die Beweislast in bezeichnender Weise umgekehrt: Als "herrenlos" galt letztlich alles Land, für das andere (nicht-staatliche) Landbesitzer keine gerechtfertigten Ansprüche vorlegen konnten.[24] Diese anderen Landbesitzer wurden grundsätzlich in zwei Kategorien unterteilt: nichtafrikanische "private oder juristische Personen", die Grundstücke vom Staat kaufen oder pachten mußten, und afrikanische "Häuptlinge oder unter den Eingeborenen bestehende Gemeinschaften", deren Gewohnheitsrechte an Grund und Boden gewahrt werden sollten.[25]

Diese Rechtskonstruktion bestimmt in ihren Grundzügen bis heute das Bodenrecht in Tanzania. Zwar beschränkte sich in der deutschen Phase der später verallgemeinerte Anspruch eines formalen Obereigentums des Staates am gesamten Land noch auf solche Flächen, die ursprünglich "herrenlos" **und** (durch Vermessung, Abgrenzung und ggf. Nutzung) vom Fiskus in Besitz genommen waren. Dahinter stand das Bemühen, die u.U. kostspieligen Verpflichtungen, die mit staatlichem Eigentum verbunden sind, zu vermeiden. Zugleich beanspruchte die Kolonialverwaltung jedoch von Anfang an auf dem gesamten Territorium weitreichende übergeordnete Kontroll- und Interventions-Rechte, die sich in erheblichem Umfang auch auf die Landnutzung der übrigen Flächen erstreckten und im Laufe der Zeit auch zunehmend umgesetzt wurden. Dies drückte sich etwa in dem Anspruch aus, über alle "gewohnheitsrechtlichen" Ansprüche auf Land zu entscheiden (ein Recht, das an sogenannte staatliche Landkommissionen delegiert wurde); in dem "Kulturzwang", dem private Käufer und Pächter von Kronland unterlagen; in den weiter oben genannten Einschränkungen der Nutzung von privatem wie "herrenlosem" Land sowie in der erwähnten Erhebung von Gebühren auf Walderzeugnisse und erlegtes Wild unabhängig vom Rechtsstatus der Flächen. Schließlich war die Verwaltung berechtigt, sogar verpflichtet, "genügende Flächen Kronlands für öffentliche Zwecke zurückzubehalten" (durch Enteignung oder Reservierung), "insbesondere auch Waldbestände, deren Erhaltung im öffentlichen Interesse liegt"[26].

Die zugrundeliegende Idee war die gleiche wie beim bereits entwickelten bürokratischen Forst- und Jagdwesen in Europa: daß der Staat - in Preußen-Deutschland eher als Inbegriff denn als Repräsentant von "Öffentlichkeit" - bestimmte natürliche Ressourcen gegen partikulare Nutzerinteressen zu schützen habe. In der deutschen Phase standen dabei ökonomische Motive ganz im Vordergrund; durch Steigerung der Staatseinnahmen sollten die Haushalte entlastet und auch der Kolonialkritik im Mutterland Wind aus den Segeln genommen werden. So ging es im Falle des gerade den Deutschen so nahestehenden Waldes vorrangig um "die Nachhaltigkeit des Betriebs", d.h. um die langfristige Sicherung der Grundlagen kommerzieller Holznutzung.[27] Das betraf nicht nur den Abbau wertvoller Tropenhölzer für den Export, sondern auch die Versorgung der Stationen, Städte und Eisenbahnen mit Bau- und Feuerholz. Darüber hinausgehende längerfristige "Wohlfahrtswirkungen des Waldes" wurden im Erosionsschutz und in der Stabilisierung des Wasserabflußregimes gesehen.[28] Der Wildschutz wurde im übrigen besonders von Leuten betrieben, die selbst passionierte Jäger waren; auch hieraus erklärt sich das besondere Engagement des Gouverneurs von Wissmann in dieser Sache.[29] Die am Naturschutz interessierte "Öffentlichkeit" beschränkte sich also im wesentlichen auf eine kleine Zahl europäischer Verwaltungsbeamter und teilweise auch Siedler. Ferner spielten schon damals auch außenpolitische Erwägungen eine Rolle; das Deutsche Reich war aktiv an den ersten internationalen Naturschutzabkommen beteiligt, die gerade für den Bereich der Kolonien geschlossen wurden.[30]

Dennoch war das Naturschutzdenken schon in dieser frühen Phase, neben den angedeuteten praktischen Interessen, auch von europäisch-romantischen Vorstellungen geprägt. Sie reichten vom Ideal einer aristokratischen Lebensweise, die sich in Großwildjagd und freier Landschaft verwirklichte,[31] bis hin zu Träumen von tropisch-üppiger Flora und Fauna, die zur Enttäuschung der Eroberer in weiten Teilen Ostafrikas so wenig mit der Realität und mit der Naturwahrnehmung der Bevölkerung zusammenpaßten. Ihr Gegenbild waren folgerichtig die "kulturfeindlichen" Nutzungsgewohnheiten" der "Eingeborenen", die "die seit Jahrhunderten erfolgte Waldverwüstung" fortführen würden, wenn sie nicht durch eine starke Verwaltung daran gehindert würden.[32] Schon damals entwickelte sich daher innerhalb der mit Landnutzung befaßten Teile der Verwaltung ein gewisses Spannungsverhältnis zwischen eher idealistischen Naturschützern, die die individuellen Landnutzer möglichst von der bedrohten Natur fernhalten wollen, und solchen, denen es eher um eine nachhaltigere Verwertung der "natürlichen Ressourcen" ging. In "Deutsch-Ostafrika" waren zunächst beide Strömungen im Rahmen des "Referats für Land- und Forstwirtschaft und Vermessungswesen" unter dem Forscher Franz Stuhlmann noch vereint, bevor dieses in eine gesonderte Landwirtschaftsverwaltung überging. Dort überwiegen seitdem die verwertungsorientierten Kräfte, während die "Naturschützer" sich seit deren Etablierung (zwischen 1898 und 1912) eher in der Forstverwaltung wiederfinden.[33]

"Kolonialwirtschaftliche Entwicklung" kontra "Naturschutz"?

Die hohen Ansprüche auf flächendeckende Kontrolle der Landnutzung, die die Kolonialverwaltung in den 1890er Jahren aufgestellt hatte, erwiesen sich in der Praxis als kaum durchsetzbar. Auch die Naturschutzmaßnahmen verursachten viel "böses Blut" unter der Landbevölkerung[34] und mußten daher schon bald zurückgenommen werden. So wurde 1897, nur zwei Jahre nach ihrem Erlaß, die "Waldordnung für Usambara" außer Kraft gesetzt.[35] Die Maßnahmen stießen auf eine Palette von Formen der Ablehnung, die aus Sicht der frustrierten Verwaltung von "bedauerlicher Trägheit" bis hin zu "passivem Widerstand" reichten.[36] Das Abbrennverbot etwa wurde dadurch umgangen, daß Glutherde in Dunghaufen gelegt wurden, die das Feuer erst nach der Entfernung des Urhebers auslösten.[37] Es gibt sogar Anzeichen, daß Maßnahmen wie das Verbot der Netzjagd zum Ausbruch des Maji-Maji-Aufstands beitrugen.[38]

Die lokalen Verwaltungsleiter (Bezirksamtmänner, Förster usw.) erkannten selbst bald, daß es eine Reihe von durchaus rationalen ökologischen und ökonomischen Gründen für das Beharren auf "traditionellen Verhaltensweisen" gab. So wurde das generelle Abbrennverbot langsam wieder gelockert, als durch Berichte der lokalen Administratoren klar wurde, daß ungehemmtes

Graswachstum in der Trockenzeit u.a. die Ausbreitung von Schädlingen wie Raubtieren, Heuschrecken, Zecken und Tsetsefliegen förderte und daß sich dadurch wiederum u.a. das Risiko von Seuchen für Mensch und Vieh erhöhte.[39] Immerhin war die katastrophale Rinderpest der frühen 1890er Jahre noch kaum überwunden, die bis zu 90 % des Rinderbestandes im heutigen Tanzania vernichtet hatte.[40] Zumindest verbreitete sich langsam die Einsicht, daß es lokal sehr unterschiedliche ökologische Problemlagen gab, die entsprechend differenzierte Reaktionen erforderten.

Die Widerstände können aber durchaus auch als Ausdruck eines Kampfes um Landrechte gesehen werden, der durch die harten Strafen des Staates noch verschärft wurde. Die Maßnahmen wurden selbst von deutschen Beobachtern als drastische Einschränkungen traditioneller Rechte erkannt.[41] Leider gibt es für die damalige Zeit kaum Zeugnisse der Sichtweise der Einheimischen auf diese Eingriffe. Jedenfalls hatten diese in der vorkolonialen Zeit eigene Konzeptionen sowohl individueller als auch gemeinschaftlicher Landrechte entwikkelt, die auch "öffentliche" Kontrollen der Landnutzung einschlossen. Beispiele sind etwa die "Heiligen Haine" auf Bergkuppen, an Quellen und Begräbnisplätzen, die bei fast allen Völkern des heutigen Tanzania geschützt waren,[42] oder die Systeme der Weiderotation bei den viehhaltenden Maasai und Datoga. Derartige Nutzungseinschränkungen wurden von lokalen Ältesten, teilweise auch von regionalen politischen Führern, festgelegt und sanktioniert. Sie beriefen sich dabei keineswegs etwa auf Eigentumsrechte im Sinne der europäischen Tradition, wie es die Kolonialverwaltung annahm, sei es ein persönliches Ober-Eigentum der Führer oder ein Gemeinschaftseigentum der jeweiligen lokalen Gruppe, die sie vertraten. Landnutzungskontrollen durch lokale Älteste und Patrone waren vielmehr der Ausdruck eines auf rituelles Wissen gestützten Anspruchs, zwischen den einzelnen Landnutzern, der von Geistern belebten Natur und den die Gemeinschaft verkörpernden Ahnen zu vermitteln. Entsprechend ging es bei diesen Kontrollen nicht isoliert um das Land, seine Verteilung und seine Fruchtbarkeit, sondern zugleich immer auch um Frieden und Wohlergehen der Gemeinschaft als ganzer. Typisch waren hierfür die im ganzen östlichen und südlichen Afrika verbreiteten Regenkulte, deren Rituale vorzugsweise in Heiligen Hainen lokalisiert waren und z.T. noch sind.

Man sollte sich diesen Zusammenhang allerdings auch für die vorkoloniale Zeit nicht allzu harmonisch vorstellen: Wie "das Land" und, untrennbar damit verbunden, "die Gemeinschaft" zu schützen bzw. rituell zu "heilen" war, war wohl immer eine Frage von Aushandlung und Konflikt; denn wer den "Regen" (Fruchtbarkeit, Frieden) beeinflussen konnte, hatte auch eine beträchtliche soziale Machtstellung, und Teilhabe am "Land" und am "Regen" bedeutete unmittelbar Anerkennung als Mitglied einer lokalisierten lokalen Gruppe. So scheint es plausibel, daß große Teile der afrikanischen Bevölkerung die neuen staatlichen Naturschutzmaßnahmen nicht nur als Einschränkung ihrer Landrechte im materiellen Sinne sahen; wenn etwa wichtige Heilige Haine der Aufsicht staatlich bestellter Aufseher unterstellt oder gar staatlichen Waldreservaten einverleibt wurden, wenn auch andere öffentliche Landrechte bestimmten, von der Kolonialverwaltung anerkannten Führern und bestimmten Formen lokaler Gemeinschaft zugeordnet wurden, so bedrohte dies vielfach die bestehenden Verhältnisse lokaler Macht, die Flexibilität lokaler Identitäten und die Vorstellungen öffentlichen Wohlergehens.[43] Außerdem erschwerten die neuartigen territorialen Abgrenzungen, in die Land und Gesellschaft nun, u.a. im Namen des Naturschutzes, eingeteilt wurden, die gewohnte räumliche Mobilität. Der koloniale Staat wollte in jeder dieser Hinsichten seine eigenen, sehr andersartigen und sehr starren Konzepte von lokaler Gemeinschaft durchsetzen.

Nach den verheerenden Erfahrungen des Maji-Maji-Aufstands, ab etwa 1906, trat unter dem neuen Gouverneur von Rechenberg das Ziel der besseren Verwertung der Natur als "Ressource" bzw. der wirtschaftlichen "Entwicklung", auch der "Eingeborenen", in den Vordergrund der Kolonialpolitik in "Deutsch-Ostafrika". Der Gedanke des Schutzes der Natur war in der nun folgenden Phase weniger gefragt und wurde buchstäblich zurückgezogen.

Vormals generelle Verbote einheimischer Produktionstechniken wie des Abbrennens oder der Jagd mit Netzen und Fallen wurden nach und nach beschränkt wieder aufgehoben; die vom Gesetz eingeräumte Möglichkeit der Schließung oder Nutzungseinschränkung nicht in Besitz genommener Flächen wurde von der Regierung kaum in Anspruch genommen; die für Afrikaner kaum erschwinglichen Jagdscheingebühren wurden zumindest gesenkt.[44] Bezeichnenderweise kam es in der deutschen Zeit nie zu einem umfassenden Forstgesetz.

Nicht nur die wirtschaftlichen, sondern auch die politischen Kosten eines flächendeckenden Naturschutzanspruchs waren der deutschen Kolonialverwaltung offensichtlich zu hoch geworden. So äußerte Gouverneur von Rechenberg um 1906, daß die mögliche "Ausrottung einiger interessanter Arten" ein geringeres Übel sei als Verordnungen zu erlassen, die bei der Bevölkerung nicht ohne Gefahr der Rebellion durchgesetzt werden könnten.[45]

Die Kontrollansprüche der Verwaltung konzentrierten sich von nun an auf spezielle Reservate. In einigen Gebieten wurden gegen Ende der deutschen Zeit auf der Grundlage der Kronlandverordnung "Eingeborenenreservate" gebildet, um einen Ausverkauf afrikanischen Ackerlandes einschließlich diese begrenzender Waldgürtel an europäische Siedler zu verhindern. Dies betraf insbesondere das Gebiet am Meru-Berg und die Distrikte Tanga, Pangani und Moshi.[46] Strikte Wald- und Wildschutzmaßnahmen wurden aber in erster Linie auf in unmittelbarem Staatseigentum stehenden Naturreservaten verfolgt. Deren Einrichtung war zwar schon in den ersten Wald- und Jagdschutzverordnungen vorgesehen worden, kam aber bis zur Jahrhundertwende über bescheidene Ansätze nicht hinaus.[47] Ab 1904 wuchs die Fläche der Forstreservate jedoch stark an und erreichte bis 1914 742.000 ha.[48]. In diesen Gebieten waren nur der Fiskus bzw. die von ihm konzessionierten Unternehmen zur Waldnutzung berechtigt, Haus- und Feldbau sowie Beweidung nur bei Sondergenehmigung erlaubt und jegliche "Beschädigung oder Vernichtung von Holzwuchs jeden Alters" untersagt.[49] Im gleichen Zeitraum erhöhte sich die Zahl der Wildreservate, in denen jegliche Jagd verboten war, auf 15 mit einer Fläche von insgesamt fast 3 Mio. ha.[50] Damit waren bis zum Ersten Weltkrieg etwa 3,7 % der Landfläche der Kolonie unter Naturschutzbegründungen der direkten Kontrolle der Zentralregierung unterstellt worden (siehe Abb. 1).

Auch Investitionen in die Regeneration und Amelioration natürlicher Ressourcen konzentrierten sich zunehmend auf die Reservate. In der Anfangszeit der Kolonie hatte man versucht, private Produzenten z.T. durch Zwang (Verordnungen) und Anreize (Lieferung von Setzlingen) dazu zu bringen, Baum- und Strauchpflanzungen anzulegen.[51] Schon vor der Jahrhundertwende begann man auch mit Aufforstungsmaßnahmen in den Mangroven- und Waldgebieten nahe der Städte. Später standen dann flächenhafte Aufforstungen, etwa im Shume-Wald der Usambara-Berge, und die Anlage von Brandschutzstreifen mit feuerresistenten Baumreihen in bzw. um die Forstreservate im Vordergrund.[52] Dabei spielten vor allem wirtschaftliche Motive eine Rolle. Nur etwa 30 % der Reservatsflächen waren als "Schutzwälder" völlig geschützt, die Nutzungsrechte für den großen Rest wurden vom Fiskus größtenteils an private Holzverwertungsgesellschaften verpachtet.

Trotz weitgehender Reduktion ihrer Ansprüche auf Kontrolle der Naturaneignung auf die Reservate hielten sich die Erfolge der Kolonialverwaltung bei deren Durchsetzung durchaus in Grenzen. Mit (1912) insgesamt nur 125 "farbigen Waldwärtern" und 19 deutschen Forstbeamten, die sich noch dazu oft als unzuverlässig erwiesen, war angesichts der enorm langen Reservatsgrenzen nur ein Minimum an Verfolgung von "Eindringlingen" möglich.[53] Im Rückblick hegen tanzanische Forstbeamte heute zwar kaum verhohlene Bewunderung für die Effizienz deutscher Forstaufsicht: "Our grandfathers still remember how they cried *'vaflucht!'* when they whipped us. But in those days at least the forest laws were kept to..."[54] Doch erscheinen solche Berichte, abgesehen vielleicht von kleinen, intensiv bewirtschafteten Gebieten wie dem Shume-Forst, als My-

Abbildung 1
Forstreservate und Wildschutzgebiete in "Deutsch-Ostafrika" im Jahre 1913

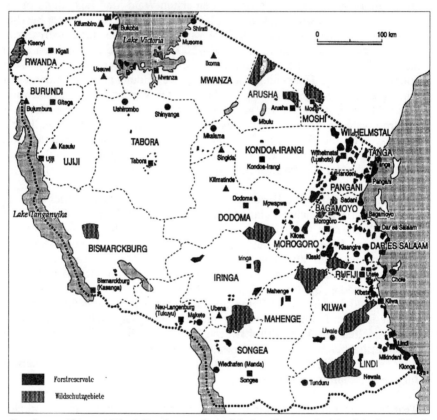

Grundlage: Koponen, Juhani: Development for exploitation: German colonial policies in mainland Tanzania, 1884-1914, Helsinki/Hamburg 1995, S. 534 und 538

thos, der wohl mehr mit bis heute unerfüllten Träumen vom "starken Staat" zu tun hat als mit der historischen Realität.

Der Erste Weltkrieg, der ja auch in "Deutsch-Ostafrika" geführt wurde, brachte den kaum aufgebauten Kontrollapparat dann wieder zum Einsturz. Mindestens bis zur festen Etablierung der britischen Mandats-Forstverwaltung 1920 drangen die Anrainer vielfach in die Reservate ein und richteten dort angeblich "große Waldverwüstungen" an.[55] Es scheint, als ob sich die lokale Bevölkerung die Landrechte zurückzunehmen versuchte, auf die sie zuvor in den meisten Fällen nie freiwillig verzichtet hatte. Hinzu kam, daß in den 20er Jahren im damaligen Tanganyika der Landdruck infolge wachsender *Cash-Crop*-Produktion für den Weltmarkt, sozialer Differenzierung, demographischen Wachstums und durch Migrationsbewegungen in den fruchtbaren Gebieten deutlich zunahm.[56] Die britische Verwaltung sah sich durch diesen Landdruck anfangs gezwungen, einem Teil ihrer Ansprüche nachzugeben und einige Reservate aufzulösen. In der Folgezeit wurden jedoch neue Gebiete reserviert, so daß sich die Gesamtfläche der staatlichen Forstreservate bis etwa 1937 auf 1,04 Mio. ha weiter erhöhte.[57] Da die Anzahl der Beschäftigten in der Forstverwaltung im gleichen Zeitraum fast stagnierte, ist anzunehmen, daß die Effektivität der Bewachung dieser Reservate eher noch zurückging.

Naturschutz als *Colonial Development*

Von den 30er bis in die Mitte der 1950er Jahre verlagerte sich der Schwerpunkt der Naturschutzpolitik in Tanganyika dann wieder auf die nicht staatlich reservierten Flächen. Zugleich wurden Diskussionen und Maßnahmen auf diesem Gebiet so erheblich intensiviert, daß man von der Blütezeit des kolonialen Naturschutzes sprechen könnte. Dabei kamen nun andere Gruppen innerhalb der Bürokratie stärker zum Zuge. Die Forstverwaltung, die seit der späteren deutschen Zeit führend in Naturschutzfragen gewesen war, beschränkte sich weitgehend auf die Bewachung und Nutzung der vorhandenen Forstreservate; zusätzlich begann sie, auf der Grundlage der Forstgesetze von 1922 und 1933 bestimmte wertvolle Baumarten auf öffentlichen Flächen landesweit zu reservieren, d.h. zu Staatseigentum zu erklären. Diese bis heute gültige Konstruktion bedeutete, daß der Einschlag vieler Arten genehmigungs- und (bei kommerzieller Nutzung) gebührenpflichtig wurde sowie bei einigen völlig verboten war. In der Folgezeit wurden die Gebühren nach und nach erhöht und die Liste der geschützten Bäume erweitert. Viel mehr Gewicht wurde aber nun auf Maßnahmen auf lokaler Ebene gelegt, für die in zunehmendem Maße die neugegründeten Lokalverwaltungen (*Native Authorities*) benutzt wurden.

Die Motive für diese Umorientierung sind unschwer zu erkennen. Zum einen verstärkte sich in der Mandatszeit das Problem mangelnder Investitionsbereitschaft des kolonialen Staates in langfristige öffentliche Aufgaben wie den Naturschutz. Selbst die kommerzielle Verwertung der staatlichen Reservate brachte nie genug Einnahmen, um auch nur die eher bescheidenen Kosten der Forstverwaltung zu tragen.[58] Zum zweiten stand in diesem Zeitraum, im Zeichen von Wirtschaftskrise, Kriegswirtschaft und (nach dem Zweiten Weltkrieg) *Colonial Development*, die Förderung bzw. Sicherung ländlicher Produktion im Vordergrund der Politik. Entsprechend erhielten auch die mit Agrarfragen befaßten Stellen, die Gegenspieler der Forstverwaltung, größeres Gewicht innerhalb der Kolonialverwaltung. Anders aber als in der späten deutschen Zeit und noch während der rapiden Expansion des bäuerlichen *Cash-Crop*-Anbaus in den 20er Jahren sahen diese Stellen den Naturschutz auf öffentlichem, speziell bäuerlich genutztem Land nun nicht mehr im Widerspruch zu politischer Stabilität und wirtschaftlicher Entwicklung, sondern geradezu als Mittel dazu. So standen in den 30er Jahren Probleme der Bodenerosion und des Wasserhaushalts, speziell durch Entwaldung und Steilhanganbau in den Hochländern sowie durch Überweidung in den Trockengebieten, im Mittelpunkt einer intensiven Debatte unter Fachleuten und Administratoren.[59]

Dies hatte z.T. personelle Gründe,[60] entsprach aber auch einem Trend der Zeit in anderen Kolonien, der mit zunehmendem ökologischem Bewußtsein in der europäischen Forschung und Öffentlichkeit zusammenhing. Hinzu kam eine im britisch verwalteten Tanganyika besonders ausgeprägte Furcht vor den sozialen Folgen ungehemmter kapitalistischer Entwicklung. Es ist dagegen wenig wahrscheinlich, daß gerade in dieser Zeit die realen Erosionsprobleme besonders dringlich waren; aus den besonders betroffenen Gebieten (z.B. Uluguru-Berge, Sukumaland, Kondoa-Irangi) waren sehr ähnliche Degradationserscheinungen schon in vor- und frühkolonialer Zeit berichtet worden, die zwar bereits mit externen Einwirkungen zusammenhingen, sich aber in gewissem Maße zyklisch auch wieder zu stabilisieren schienen.[61]

Im Verlaufe der genannten Debatte wurde jedenfalls eine Reihe von Bodenschutztechniken auf Bauernland empfohlen:

Dazu gehörten etwa die Aufforstung durch Nutzbäume (z.B. Gerberakazien), die Anpflanzung von Futtersträuchern und Windschutzstreifen, die Anlage von Konturlinien und Terrassen an Steilhängen oder die Freilassung von Feuerschutzstreifen. Diese Maßnahmen wurden zunächst auf lokaler und eher freiwilliger Basis propagiert, vor allem durch die Einrichtung von Demonstrationsfeldern, die sich vor allem an die lokalen Selbstverwaltungen *(Native Authorities)* wandten. Hinzu kam die Aufforderung, bestimmte Waldstücke als *Native*

Authority Forest Reserves einzurichten (anfangs auch *Clan Forest Reserves* genannt) und Formen rotierender Weidenutzung zu erproben. Durch eigenes Beratungspersonal, kommunale Arbeitseinsätze und den Erlaß entsprechender eigener Anordnungen sollten diese die Maßnahmen dann weitertragen.[62]

Der Naturschutz wurde damit zu einem der Felder, auf denen sich das erst in den späten 20er Jahren geschaffene System des *Indirect Rule* bewähren mußte: Durch Propaganda und Verordnung von Boden- und Waldschutzmaßnahmen konnten und sollten die neuen *Native Authorities*, also die vom Staat anerkannten *Chiefs, Subchiefs, Headmen* oder *Jumbes*, deren Berater und *Messenger* ihre neuen Machtbefugnisse zur Geltung bringen.

Die zunehmende Zweiteilung des Naturschutzes als Angelegenheit des zentralen Staates auf der einen und der Lokalverwaltung auf der anderen Seite, die in Tanzania bis heute bestimmend ist, stützte sich wiederum auf eine entsprechende Landrechtspolitik. 1923 wurde die deutsche "Kronlandverordnung" von der "*Land Ordinance*" der britischen Mandatsverwaltung abgelöst; diese ist bis heute Grundlage des Bodenrechts in Tanzania. Sie baute in wesentlichen Zügen auf der "Kronlandverordnung" mit ihrer Trennung von Staats- bzw. Siedlerland und "Eingeborenenland" auf, verstärkte aber zugleich noch die Rechtsstellung des Staates als Wahrers übergreifender "öffentlicher" Belange.[63] Alles Land in Tanganyika, ob formell in Besitz genommen oder nicht, galt nun als *Public Land*, d.h. es unterstand dem Gouverneur (heute: dem Staatspräsidenten) als höchstem Repräsentanten des Staates. Alle Besitzrechte von Landnutzern leiteten sich aus ihrer Beziehung zum Staat ab, indem sie von der Regierung anerkannt oder verliehen wurden; diese Rechte erstreckten sich grundsätzlich nur auf die tatsächliche Nutzung (*rights of occupancy*, r/o) und ggf. Vererbung, nicht auf weitere Verfügungen wie Verpachtung oder Verkauf.

Dabei wurden jedoch zwei Formen rechtlicher Beziehung zum Staat unterschieden: Auf der einen Seite gab es schriftlich fixierte Rechtstitel von Individuen, meist eine Art langfristiger Staatspacht (*granted r/o*), die durch staatliche Gesetzgebung geregelt waren. Sie gingen meist an kommerzielle Landbesitzer, darunter zumindest theoretisch auch Afrikaner. Auf der anderen Seite wurden (und werden) die weitaus meisten Besitzrechte jedoch als sogenannte *deemed r/o* unter sogenanntem "traditionellem" Gewohnheitsrecht (*Customary Law*) definiert. Dies besagte, dem Verständnis der britischen Verwaltung zufolge, daß alle Landrechte von Individuen sich aus der Zugehörigkeit zu einer lokalen Gemeinschaft ableiten. Diese Einheiten wurden als "traditionelle" verstanden und in einer Kontinuität seit vorkolonialer Zeit rekonstruiert. Der neue Kontext des kolonialen Staates, der ja schon in der deutschen Zeit etabliert worden war, führte allerdings dazu, daß sich in Wirklichkeit weitgehend neuartige

Institutionen und Strukturen bildeten. Die Identität und die Führung dieser "traditionellen Gemeinschaften" ("Stamm", "Clan", "Dorf") wurden ab 1926, mit der Einführung von *Indirect Rule*, stark formalisiert und hierarchisiert. Die Landrechte der großen Mehrheit der bäuerlichen Bevölkerung Tanganyikas hingen also nun, in viel stärkerem Maße, zumindest in viel starrerer Weise als in vorkolonialer Zeit, von der Zugehörigkeit zu lokalen politischen Einheiten und deren Führern sowie, über diese vermittelt, vom kolonialen Staat ab. Dabei ergab sich ein besonderer Widerspruch zwischen der Betonung von Abstammung und zugleich von Territorialität, gerade auch im Hinblick auf das Bodenrecht: Aus der Sicht des einzelnen sicherte erst die Zugehörigkeit zu einer bestimmten lokalen Abstammungsgruppe und die Loyalität zu deren Führern den Zugang zu Land, aber auch das galt nur innerhalb räumlich zunehmend schärfer gefaßter Grenzen, die diesen Einheiten zugeschrieben wurden. Dies beförderte ganz ungemein den Prozeß der "Erfindung" ethnischer und verwandschaftlicher Traditionen, auch auf seiten der Bevölkerung.[64]

Dieses doppelt konstruierte Bodenrecht wurde zu einer wesentlichen Grundlage des *Indirect-Rule*-Systems. Zugleich drückt sich hier ein sehr weitgehender Anspruch des Staates auf Kontrolle nicht nur des Landbesitzes, sondern auch der Landnutzung aus; dieser wurde später weiter konkretisiert.[65] Was die schriftlichen Landtitel angeht, so definierten die *Land Regulations* von 1926/27, dann 1948, sogenannte *development conditions*, die bestimmten, wie und wie rasch das Land durch Inhaber von Landtiteln in Nutzung zu nehmen war; bei Verstoß kann das *granted right of occupancy* im Prinzip sogar widerrufen werden. In der Praxis war es freilich mit diesem Kontrollanspruch nicht weit her. Dazu waren und sind die *development conditions* bisher viel zu vage formuliert und die Machtmittel der Zentralregierung viel zu beschränkt. Außerdem zielen die Bedingungen bisher auf ökonomische Inwertsetzung statt auf Naturschutzziele.[66] Diese fehlten aber nicht völlig. So wurden, wie in der deutschen Zeit, Waldbestände auf Privatland besonders geschützt, z.B. durch Erlaß einer Genehmigungspflicht im Jahre 1935. In den 40er Jahren wurden sogar schon einmal Erosionsschutzmaßnahmen in die *development conditions* aufgenommen.[67]

Der gleiche Anspruch auf staatliche Kontrolle der Landnutzung erstreckte sich im Prinzip auch auf die unter *Customary Law* stehenden Gebiete; er wurde hier aber weitgehend der Lokalverwaltung, d.h. bis in die 60er Jahre den lokalen *Native Authorities*, überlassen. Naturschutzmaßnahmen konnten in diesem Zusammenhang zu einem wichtigen Vehikel für die Durchsetzung neuartiger "gemeinschaftlicher" Landrechte gegenüber den individuellen bäuerlichen Landnutzern werden. Sie boten eine Chance sowohl zur Demonstration des Machtanspruchs und zur Durchsetzung von Eigeninteressen der neuen lokalen Eliten als auch einen Fokus für die oben erwähnten Bemühungen um die Neubestimmung lokaler Gemeinschaft ("Stamm", "Clan", "Dorf"). Dabei standen die *Native Authorities* freilich unter vielfacher Anleitung durch die jeweiligen Provinz- und Distriktverwaltungen.

Bis 1939 wurden Erosionsschutzmaßnahmen, die die Landwirtschaftsverwaltung auf Demonstrationsfeldern vorgeführt hatte, von den *Native Authorities* in acht Distrikten (Moshi, Korogwe, Pare, Arusha, Mbulu, Iringa, Rungwe, Mbeya) aufgegriffen und weiterpropagiert, angeblich mit Erfolg. Sie wurden auch auf die Uluguru-Berge und die Zentralprovinz ausgedehnt.[68] Von 1932 bis 1937 wurden insgesamt 27.000 ha *Native Authority Forest Reserves* abgegrenzt.[69] 1937 wurden die rechtlichen Vorraussetzungen durch eine Ergänzung der *Native Authority Ordinance* für die zwangsweise Durchsetzung der bis dahin eher freiwilligen Naturschutzmaßnahmen verbessert. Über den Zeitraum bis 1958 erließen die *Native Authorities* eine Fülle von *Conservation Orders*, die sich nach und nach auf praktisch alle oben genannten Maßnahmen erstreckten.[70] Bis Ende der 40er Jahre gab es keine entsprechende Gesetzgebung der Zentralregierung, doch beeinflußte diese die Erlasse der *Native Authorities* durch die "Empfehlung" von sogenannten *model conservation orders* - ein Instrument, das kürzlich (in den 80er Jahren) wieder aufgegriffen wurde.

Dennoch blieben die Maßnahmen der 30er und frühen 40er Jahre lokales Stückwerk; ihre Einführung hing stark von der Kooperationsbereitschaft der jeweiligen *Native Authorities* ab, und diese war, ebenso wie bei den Bauern selbst, sehr unterschiedlich.[71] Zugleich nahm der öffentliche Druck europäischer Experten und Verbände in Richtung auf radikalere, großflächigere Naturschutzmaßnahmen ständig zu. Der führende Ökologe Tanganyikas, C. Gillman, trat seit Ende der 30er Jahre unermüdlich für eine umfangreiche Umsiedlung der Bevölkerung aus den dichtbesiedelten, ökologisch wertvollen und zugleich bedrohten Gebirgen in unterbevölkerte Tiefländer ein.[72] Die britische *Society for the Preservation of the Flora and Fauna of the Empire* machte erheblichen Einfluß geltend, um eine Reihe von Gebieten Tanganyikas zu Nationalparks zu erklären, nach dem Vorbild des Yellowstone- (USA) und Kruger-Parks (Südafrika), eine Idee, die erstmals gegen Ende der 20er Jahre aufgekommen war.[73]

Die Kolonialverwaltung stand diesen Wünschen skeptisch bis ablehnend gegenüber, weil sie politische Unruhe als Folge der weitgreifenden Eingriffe in die "gewohnheitlichen" Landrechte fürchtete.[74] Sie kam aber nicht umhin, besonders nach Ende des Zweiten Weltkriegs, eine Reihe radikalerer Umweltschutzmaßnahmen in Betracht zu ziehen. So wurde etwa der Erlaß neuer landesweiter Gesetze erwogen, die es ermöglichen sollten, die einheimische Bevölkerung, u.a. zu Naturschutzzwecken, ohne Kompensationsansprüche umzusiedeln.[75] In der *Game Ordinance* von 1940 und dann in der *National Parks Ordinance* (1948) wurde das Gebiet der Serengeti zum ersten Nationalpark erklärt, ohne daß freilich vorerst die bestehenden Nutzungsrechte, vor allem der Maasai, angetastet wurden.

Die Conservation and Development Schemes

Der wichtigste Ansatz in den späten 40er und frühen 50er Jahren war aber die großflächige Einführung kombinierter Erosionsschutz- und Produktionsförderungsprogramme ab 1946. Diese für Tanzania bis heute typische Verknüpfung zweier, sonst oft als konkurrierend empfundener, Ziele im Rahmen der sogenannten *Conservation (Rehabilitation) and Development Schemes* stellte wohl auch einen Kompromiß zwischen Umweltschützern und Agrarentwicklern dar. Gestützt auf den ersten 10-Jahres-Entwicklungsplan[76] und auf das Freiwerden größerer Mittel nach Kriegsende *(Colonial Development and Welfare Fund)*, konzentrierten sich die Förderungsmaßnahmen auf ausgewählte Regionen, in denen man gleichermaßen hohes natürliches Potential und hohen Problemdruck infolge Landknappheit und Degradation erblickte. Drei dieser Regionen - darunter Usukuma (heute Mwanza- und Shinyanga-Region) und Masai (Kiteto) - lagen in den trockenen Ebenen und bezweckten in erster Linie eine Reduzierung und bessere Verteilung der Rinderbestände sowie eine planmäßige Weidenutzung. Die übrigen *Schemes* lagen in Hochländern mit hoher Bevölkerungsdichte - Mbulu, Kondoa-Irangi, Uluguru-Berge, und wiederum Usambara (erst Mlalo, dann der ganze Lushoto-Distrikt) - und zielten auf eine Intensivierung des Anbaus:

So sollten die Bauern in den Usambara-Bergen ab 1949 Steilhänge und Wasserläufe durch Terrassierung, Dammbau, Baum- und Futtergraspflanzungen oder auch durch völlige Aufgabe des Anbaus vor Erosion schützen, die versumpften Talauen entwässern, das Vieh nicht mehr in Busch und Wald weiden, sondern in Ställen füttern, Pflanzenrückstände nicht verbrennen, sondern kompostieren und ebenso wie Tierdung auf die Anbauflächen ausbringen.[77] Gleichzeitig wurden die Bemühungen um Waldschutz und Aufforstung ausgeweitet.

Seitens der Zentralregierung wurden diese Programme durch Gesetzgebung *(Natural Resource Ordinances* der späten 40er Jahre) und Einsatz zahlreicher europäischer Experten unterstützt. In erster Linie wurden sie aber wiederum über die Lokalverwaltungen *(Native Authorities)* abgewickelt. Naturschutz- und Entwicklungsmaßnahmen dienten u.a. auch weiterhin dazu, deren Machtansprüche zu unterstreichen. Dabei wurden sie von der britischen Verwaltung immer stärker an Effektivitäts- und Funktionalitätskriterien orientiert; der traditionalistische, an Abstammungsbeziehungen orientierte Diskurs der Vorkriegszeit wich zunehmend territorial definierten Modellen lokaler Gemeinschaft. Dafür boten gerade die neuen Agrar- und Umweltprogramme mit ihrer immer genaueren, flächendeckenden Festlegung von Nutzungs- und Schutzzonen eine Fülle von Ansätzen. Wie sich aber zeigen sollte, geriet die Kolonialverwaltung gerade dadurch immer mehr in Widerspruch zur bäuerlichen Bevölkerung.

Hier ging es um Eingriffe, die sehr viel weitergingen als die Maßnahmen der 30er Jahre und die mit vielfältigem Zwang verbunden waren. Fast alle Maßnahmen innerhalb der *Schemes* wurden durch *Native Authority Orders* vorgeschrieben und sanktioniert.[78] Dadurch ergab sich ein bis dahin unerhörter Anspruch auf Kontrolle und Regulierung bäuerlicher Produktion.[79] Sehr bald regte sich allenthalben passiver und aktiver Widerstand.[80] In den Usambara-Bergen etwa reichte er vom heimlichen Ausreißen der Bananenstauden bis hin zu Forderungen nach Absetzung des amtierenden (von den Briten eingesetzten) Shambaa-Königs, der diese Maßnahmen gegenüber seinem Volk zu vertreten hatte.[81] Der Kampf gegen die *matuta* (Terrassen), die von der Verwaltung, speziell in den Hochländern, zum eigentlichen Symbol des Erosionsschutzes hochstilisiert worden waren, wurde zum Fanal vieler Bauern im nun einsetzenden Unabhängigkeitskampf. Er konnte auch dadurch nicht mehr aufgehalten werden, daß zwischen 1954 und 1958 alle *Schemes* gestoppt und sämtliche Maßnahmen widerrufen wurden.

Vertreter der Kolonialverwaltung selbst neigten dazu, diesen Mißerfolg einer konservativen Grundhaltung der Bauern und der Inkompetenz des lokalen Personals anzulasten.[82] Andere betonten das Ausmaß an juristischer Reglementierung und physischem Zwang, dem die Bauern unterworfen wurden.[83] Allerdings waren die Reaktionen der Bauern nicht überall einheitlich ablehnend; in manchen Regionen wurden einzelne Elemente der Erosionsschutzprogramme sogar übernommen. Daher muß gefragt werden, an welchen Punkten genau es zu bäuerlichem Widerstand kam.

Verschiedene Argumente sind dazu genannt worden. So wurde im Hinblick auf die physischen Maßnahmen (Anlage von Terrassen etc.) auf die stark erhöhte Arbeitsbelastung verwiesen, die für die einzelnen Kleinbauern keine wahrnehmbaren ökonomischen Vorteile mit sich brachten, zumal sie oft schon technisch falsch konzipiert waren.[84] Hinzu kommen sozioökonomische Argumente, die sich auf die Verteilung von Ressourcen innerhalb der Dörfer wie auch zwischen Bauern und Staat beziehen. So hätten gerade die kleineren Bauern gefürchtet, durch staatlich verfügte Nutzungskontrollen, z.B. Flächenstillegungen und Aufforstungen, sowie durch Reduzierungen des Rinderbestands in ihren Rechten auf Zugang zu Land und zu Wohlstand bzw. wirtschaftlicher Sicherheit weiter eingeschränkt zu werden.[85] Andererseits stießen Maßnahmen wie etwa breit angelegte Umsiedlungskampagnen im Mbulu-Distrikt und im Sukumaland, die faktisch neues Weide- und Anbauland verfügbar machten, durchaus auf positive Resonanz, und zwar gerade auch bei kapitalistisch orientierten größeren Bauern.[86]

Schon früh wurde der Widerstand gegen die *Conservation and Development Schemes* auch als Ausdruck einer Krise der Legitimität politischer Macht und der Formierung neuer Loyalitäten gesehen. Cliffe bezog dies zunächst auf den Staat als Ganzes, und sah die Ablehnung der *Schemes* als Grundlage der sich entfaltenden nationalen Unabhängigkeitsbewegung auf dem Lande.[87] Neuere Untersuchungen beziehen sich eher auf die Legitimität der lokalen Führer und die (Re-)Konstruktion lokaler Gemeinschaft.

So gab es z.B. bei der Iraqw-Bevölkerung im Mbulu-Distrikt schon Ende der 30er Jahre Proteste und Sabotage gegen Versuche der dortigen *Native Authorities*, Baumpflanzungen (Gerberakazien) auf "Gemeinschaftsland" anlegen zu lassen - obwohl damals ein spürbarer Bedarf an Brenn- und Bauholz herrschte. Thorton interpretiert dies als Widerstand gegen ein Verhalten, das als Rückverwandlung von "bewohntem Land" (*aya*) in "Wildnis" (*slaa'*) wahrgenommen wurde - wobei ersteres eng mit der Identität lokaler Gemeinschaft verbunden gewesen sei.[88] Ein weiteres Moment scheint aber auch die Sorge gewesen zu sein, daß der lokale Chief, als Vorsitzender der *Native Authority*, sich auf diese Weise öffentliche Arbeitsleistungen und Land aneignen könnte. Immerhin kam das Baumpflanzprogramm dann doch noch in Schwung, als die Initiative auf die einzelnen Haushalte verlagert wurde.[89]

Ausführlich werden solche Zusammenhänge von Feierman für die Ereignisse um das *Usambara Scheme* dargestellt.[90] Dabei wird besonders deutlich, daß dessen Scheitern nicht einfach durch Widersprüche zu "traditionellen" kulturellen Praktiken und Institutionen zu erklären ist.

In den West-Usambara-Bergen kulminierte der vielfältige, z.T. sehr heftige bäuerliche Widerstand gegen das dortige Erosionsschutzprogramm in der Forderung nach Wiedereinsetzung eines von der Kolonialverwaltung abgesetzten lokalen Chiefs. Dieser galt als fähiger "Regenmacher", wobei "Regen" hier ganz allgemein für ökonomische Prosperität und Fähigkeit zur sozialen Integration stand, die in dieser Zeit zunehmender Konflikte besonders dringlich erschien. Darin artikulierte sich eine ganze Palette unterschiedlicher sozialer Kräfte, die aus unterschiedlichen Gründen mit der vorangegangenen wirtschaftlichen und politischen Entwicklung unzufrieden waren und ihr alternative Modelle gerechter sozialer Ordnung entgegenzusetzen versuchten. Diese Kräfte reichten von politisch benachteiligten lokalen Händlern über junge Leute und Migranten, die weiteren Entzug von zunehmend knappem Anbauland durch Staat und Siedler fürchteten und daher die Unabhängigkeitspartei TANU unterstützten, bis hin zu Frauen, die sich der Gefahr eines Verlustes ihrer sowieso sehr eingeschränkten Landnutzungsrechte infolge der geforderten Investitionen in Erosionsschutz tatkräftig widersetzten.[91]

Produktion statt Naturschutz

Nach dem weitgehenden Scheitern der *Conservation and Development Schemes* auf Bauernland um die Mitte der 1950er Jahre reduzierte sich der Schwerpunkt der Naturschutzpolitik für die folgenden zwei Jahrzehnte wieder weitgehend auf staatseigene Flächen. Bezeichnenderweise reichte diese Gegenbewegung über das Ende der Kolonialzeit hinaus in die frühe Unabhängigkeitsperiode. Noch zu Beginn der 50er Jahre hatte die Fläche der Forstreservate nur 3,5 % der Landfläche (etwa 31.000 km²) betragen; hinzu kamen 8,8 % (rund 78.000 km²) Nationalparks und Wildschutzgebiete.[92] Aufbauend auf der *National Parks Ordinance* (1948) und der *Forest Ordinance* von 1957 wurden diese Anteile im Verlauf der folgenden beiden Jahrzehnte enorm ausgeweitet und erreichten den heutigen Stand von zusammengenommen etwa 25 % der Landfläche Tanzanias (siehe Abb. 2).[93] Zugleich wurden die Zugangsrechte privater Nutzer, selbst für Anrainer, bis zum völligen Ausschluß reduziert und, zumindest dem Anspruch nach, schärfer überwacht.[94]

Mehr als die Hälfte der nunmehr staatlich reservierten Flächen (heute über 13 % der gesamten Landfläche oder ca. 130.000 km²) entfielen auf Forstreservate. Deren heutige Fläche wurde bereits Anfang der 60er Jahre erreicht, sank dann aber vorübergehend etwas ab (bis 1972 auf ca. 121.000 km²).[95] Hier drückt sich u.a. ein zeitweiliges Nachgeben gegenüber den Landansprüchen der Anrainer zu Beginn der Unabhängigkeitsperiode aus.

So wurden z.B. 1963 12.000 ha des Shume-Reservats in den West-Usambara-Bergen zur Bebauung durch die benachbarte Bevölkerung freigegeben, bevor dann wieder striktere Bestimmungen "wie in britischer Zeit" angewandt wurden.[96] In den Uluguru-Bergen (Bunduki) wurden sogar gepflanzte Wälder gefällt und verbrannt, um neues Ackerland zu schaffen.[97]

Es scheint, als ob sich zur Zeit der Unabhängigkeit fast exakt die Sequenz der Ereignisse um den Ersten Weltkrieg wiederholte. Zunächst wurden die Landrechte des Staates stark ausgeweitet, sowohl auf bäuerlichem Land als auch durch Aneignung als staatseigenes Land. Der dadurch ausgelöste Widerstand

Abbildung 2
Staatlich kontrollierte Wald- und Wildschutzgebiete in Tanzania 1974

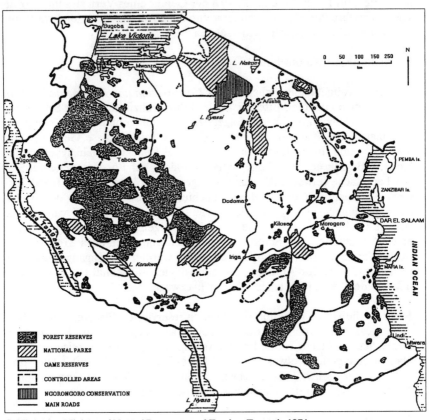

Quelle: Ministry of Natural Resources and Tourism Tanzania 1974

verstärkte sich dann nach dem Zusammenbruch des kolonialen Machtapparats (damals des deutschen, nun des britischen). Die nachfolgende neue Staatsmacht sah sich genötigt, dem angestauten Land- und Legitimationsdruck ein Ventil in Form von Rückverteilung eines Teils der staatlich reservierten Flächen zu geben. Stärker noch als in den 20er und 30er Jahren äußerten sich hier die Zunahme der Flächenbedürfnisse und zugleich des Selbstbewußtseins bäuerlicher Marktproduzenten. Dies spiegeln auch die vermarkteten Produktionsmengen wider, die sich bei den meisten wichtigen Exportfrüchten im Laufe der 60er Jahre mehr als verdoppelten; bei den Nahrungsfrüchten gab es ähnliche, wenn auch weniger stetige Zuwächse.[98]

Ebenfalls ähnlich wie damals wurde die Reservatspolitik jedoch bald wieder aufgenommen und sogar ausgeweitet. Nach der Unabhängigkeit wurden zum einen (meist durch Umwandlung von Wildreservaten) weitere Nationalparks eingerichtet. Zum anderen erhöhte sich der Aufwand, der nun in die Reservate gesteckt wurde, weiter; er lag schon seit den 50er Jahren unvergleichlich höher als in der Vorkriegszeit und rechtfertigte sich durch eine ebenfalls stark steigende wirtschaftliche Bedeutung.

So wurden die Forstreservate durch Neuvermessung, genaue Markierung (meist Baumreihen) und Bewachung (Patrouillen) immer schärfer abgegrenzt. Innerhalb dieser Grenzen wuchs besonders der Flächenanteil, der für wirtschaftliche Nutzung (zugunsten des Staatshaushalts) freigegeben war; seit Anfang der 70er Jahre sind dies über 87 Prozent.[99] Personell wurde die Forstverwaltung von insgesamt nur etwa 90 Beamten und Angestellten im Jahre 1952[100] auf heute ca. 1600 (einschließlich Feldpersonal) ausgeweitet.

Die Unterwerfung eines Viertels der Landfläche Tanzanias unter unmittelbare und ausschließliche staatliche Verfügungsgewalt, verkörpert durch die Forst- und Parkverwaltungen, aber im Namen einer "nationalen" Öffentlichkeit, fand also nun einen viel sichtbareren räumlichen Ausdruck als zuvor. Die Reservatspolitik trug nicht nur zur Ausweitung des staatlichen Sektors in der Produktion, sondern auch dazu bei, daß das territoriale Netz, mit dem die Regierung das Land überzog und sich auch selbst zunehmend legitimierte, immer fester und engmaschiger wurde.

Diese Legitimationsansprüche konnten allerdings wiederum, zumindest vor Ort, kaum eingelöst werden. Die Angestellten der Forstverwaltung stellen sich heute vielfach als Schützer des Waldes **gegen** die lokale Bevölkerung dar. Durch diese Haltung und die ihnen verliehene Sanktionsmacht (Lizenzvergabe, Anzeige von Übertretern) erscheinen sie, oft durchaus bereitwillig und explizit, als "Eigentümer" der Forstreservate. Die Bauern der Umgebung, die aus demographischen, wirtschaftlichen und sozialen Gründen zunehmend unter Landdruck stehen, pochen dagegen immer wieder auf ihre früheren Nutzungsrechte auf diese Flächen, von denen ihnen nach dem geltenden Forstrecht formal kein einziges mehr zusteht. Sie tun dies auch praktisch, indem sie versuchen, weiterhin ihr Vieh in die Wälder zu treiben, dort Holz zu schlagen, zu sammeln und zu jagen oder ihre Anbauflächen über die Reservatsgrenzen hinauszuschieben. Manche dieser Übertretungen, etwa die Anlage von Buschbränden auf Reservatsflächen, werden bezeichnenderweise von den Forstangestellten als direkt gegen sie gerichtete Sabotageakte gesehen. Zugleich scheinen mit dem Verlust ihrer früheren Rechte bei den Anrainern auch ältere Vorstellungen einer Gegenseitigkeitsbeziehung zum Wald schneller abhanden gekommen zu sein, die sich ehemals in gewissen waldschützenden Maßnahmen ausgedrückt hatten (s.o.). Schließlich wird von den Anrainern oft die in erster Linie am materiellen Gewinn ausgerichtete Praxis der Förster (Kassieren von Lizenzen und Bestechungsgeldern) als Begründung dafür genannt, daß man sich nicht an Schutzbestimmungen gebunden fühle. Im Effekt sind heute fast alle Forstreservate in Tanzania mehr oder weniger stark degradiert; ihre Flächengröße kann keinesfalls mehr mit dem ursprünglichen Waldumfang gleichgesetzt werden.[101]

Das Schwergewicht der Bemühungen um ländliche Entwicklung entfernte sich während der 50er bis 70er Jahre freilich immer mehr von Vorstellungen des Naturschutzes. Wie schon vor und nach dem Ersten Weltkrieg, aber auf weitaus höherem Niveau, ging es nun um möglichst ungehemmtes Wachstum agrarischer Produktion. Dieser Schwenk wurde zunächst noch von der Kolonialmacht vollzogen, die nun, nach dem Scheitern breiter, auf ganze "lokale Gemeinschaften" bezogener Förderungsansätze, soziale Ungleichheit innerhalb der bäuerlichen Bevölkerung bewußt in Kauf nahm. Sie konzentrierte sich nunmehr auf "progressive" Gebiete und Einzelfarmer, etwa durch kapitalintensive Siedlungsprojekte. Von diesen *focal points* erhoffte man sich dann Ausbreitungseffekte. Dies änderte sich auch unter der unabhängigen Regierung Nyereres nach 1961 zunächst nicht; die nun noch reichlicher fließenden Förderungsmittel wurden unter dem *improvement approach* vielmehr nur breiter verteilt.[102]

In diesem Kontext spielte die Idee des Schutzes natürlicher "Ressourcen" wie Boden, Wasser kaum noch eine Rolle. Naturschutz wurde, statt als Instrument (wie in der vorangehenden Phase), nun wieder eher als Hindernis der Intensivierung bäuerlicher Produktion gesehen. In den Sonntagsreden der Politiker wurde die "Modernisierung" der Anbautechnik durch Saatgut, Mineraldünger und Mechanisierung sowie die rasche Ausweitung der Anbauflächen geradezu zur öffentlichen Pflicht jedes (ländlichen) Bürgers gegenüber seiner Staatsnation erklärt. "Agrarproduktion ist Politik!" (*siasa ni kilimo*), hieß es im Agrarprogramm der Staatspartei von 1972.[103] Ein dort eingefügter Hinweis auf die Notwendigkeit von Erosionsschutzmaßnahmen erscheint wie ein (möglicherweise auf manche westliche Geberregierungen gemünztes) Lippenbekenntnis; denn als Reaktion auf zunehmende, vor allem preispolitisch, aber auch außenwirtschaftlich bedingte Engpässe in der Nahrungsselbstversorgung des Landes wurden Mitte der 70er Jahre von Partei und Regierung regelrechte Produktionsschlachten in Gang gesetzt, die nun vor allem auf Ausweitung der Anbauflächen zielten. Der Produktionserfolg war nur vorübergehend; er hing vor allem von der Bereitstellung produktivitätssteigernder Inputs und Vermarktungsmöglichkeiten ab, die die Regierung den teilnehmenden Bauern als "Gegenleistung" versprach. Obwohl, z.T. gerade weil, diese Versprechungen immer weniger eingelöst werden konnten, kam es in dieser Phase verbreitet zur extensiven Inkulturnahme neuer, auch marginaler Anbauzonen, was wiederum zu erschreckenden Degradationserscheinungen führte.[104] Diese Episode gehört allerdings schon in den Zusammenhang der nächsten Phase staatlicher Entwicklungspolitik, in der es zu verstärkten Versuchen der Kontrolle bäuerlicher Landnutzung kam, nun u.a. auch wieder durch Ausdehnung des Naturschutzanspruches auf Bauernland.

Naturschutz und Dorfentwicklung

Im Laufe der 70er Jahre gewannen auf dem Lande Ansätze gesellschaftlicher Umgestaltung (*transformation approach*) die Oberhand gegenüber den zuvor verfolgten ökonomischen Wachstumsstrategien (*modernization approach*). Dies war der Versuch einer Flucht nach vorn, einerseits wohl angesichts der zunehmenden Wirtschaftskrise, die kapitalintensive Programme zusehends erschwerte, andererseits aber auch angesichts des mangelnden politischen Rückhalts des postkolonialen Staates in der (größtenteils ländlichen) Bevölkerung. Hinzu kam die schon früher angelegte und nun, unter dem Vorzeichen von Nyereres Ujamaa-Sozialismus, wieder aufgegriffene Idee kommunaler, sozial ausgeglichener Entwicklung zur Abwehr eines zunehmenden Wohlstandsgefälles. Zur Förderung dieser Idee konzentrierte man sich hauptsächlich auf einen Ansatzpunkt, der bereits in der Kolonialzeit eigentlich aus ganz anderen Motiven entwickelt worden war: die Siedlungspolitik.[105] Nach zunächst freiwilliger Bildung von "Ujamaa-Dörfern" wurden zwischen und 1973 und 1976 mit mehr oder weniger offenem Zwang bis zu 3/4 der tanzanischen Landbevölkerung in neugebildete Kerndörfer (*Development Villages*) umgesiedelt.

Das erklärte Ziel ländlicher Entwicklungspolitik war es seit der Unabhängigkeit gewesen, neben einer flächendeckenden öffentlichen Infrastruktur vor allem kommunale Wirtschaftsweisen zu fördern, von denen man sich aber auch Steigerungen der Produktion erhoffte. Gerade diese Hoffnung erwies sich jedoch als Trugschluß, trotz der schon erwähnten stark politisierten Produktionskampagnen mit gewissen anfänglichen Erfolgen. Die Dorfgemeinschaftsfelder und Blockfarmen, die in jeder neugegründeten Gemeinde angelegt werden mußten, behielten Alibifunktion bei weiterhin größtenteils individueller Produktion. Der Gedanke einer Umgestaltung der Anbautechniken, etwa gar unter Natur- oder Erosionsschutzgesichtspunkten, spielte dabei zunächst keine Rolle. Im Gegenteil, die Umsiedlungen im Zuge der Dorfbildungspolitik (*Villagization*) brachten an vielen Orten eine deutliche Erhöhung des Drucks auf Boden, Weide, Wald und Wasser mit sich, insbesondere in den Gebieten um die neuen Kerndörfer.[106]

Dennoch flossen Naturschutzaspekte von Anfang an in die Dorfbildungspolitik ein. Schon um 1970 lief das sogenannte *Village Afforestation Programme* an, demzufolge jedes Dorf eine bestimmte Mindestfläche pro Jahr in kommunaler (unbezahlter) Arbeit aufforsten soll. Ziel dieses Programms war ursprünglich in erster Linie die bessere Versorgung mit Feuerholz und dann die Schaffung von Einnahmequellen für die neugeschaffenen *Development Villages*. Insofern sind die dörflichen Aufforstungen durchaus mit den Dorfgemeinschafts- bzw. Blockfeldern (*mashamba la kijiji*, *mashamba la bega kwa bega*) vergleichbar, von denen jedes neugebildete Dorf zumindest eines anlegen sollte. Erst später trat die ökologische Rehabilitierung degradierter Flächen in den Vordergrund. Das Engagement der Dorfbevölkerungen und damit die effektiven Aufforstungsergebnisse blieben so oder so weit hinter allen Vorgaben zurück.[107]

Um die gleiche Zeit allerdings wurden nach und nach in bestimmten Gebieten neue, große Erosionsschutzprojekte in Angriff genommen, die erneut Ressourcenschonung und Intensivierung der bäuerlichen Agrarproduktion flächendeckend miteinander zu verbinden versuchten. Das erste prominente Projekt dieser Art in der nachkolonialen Periode wurde das HADO-Projekt (*Hifadhi Ardhi Dodoma*), das seit 1973 mit Kern in den extrem erodierten Badlands des Kondoa-Distrikts durchgeführt wird. Im Unterschied zu weiteren, gegen Ende der 70er Jahre in Gang gesetzten regionalen Bodenschutzprojekten dieses Typs (etwa dem HASHI in der Shinyanga-Region und dem SECAP in den West-Usambara-Bergen, letzteres mit maßgeblicher Unterstützung durch die deutsche Entwicklungshilfe) wurde zumindest in der Anfangsphase des HADO-Projekts, das bezeichnenderweise der Forstverwaltung untersteht, ein beträchtliches Maß an offenem Zwang ausgeübt, um die vorgeschriebenen Maßnahmen in die Praxis umzusetzen. Im übrigen bedienten sich alle Erosionsschutzprojekte bei ihrer Umsetzung der neuen Institutionen der *Development Villages*. Die Erfolge waren z.T. durchaus beachtlich; der Grad an Rehabilitation der Vegetationsdecke etwa in der *Kondoa Eroded Area*, vor allem infolge einer radikalen Reduzierung des Viehbesatzes, ist sehr bemerkenswert. Allerdings bestehen gerade dort erhebliche Zweifel an der Dauerhaftigkeit dieser ökologischen Effekte.[108]

Einschneidender als die wirtschaftlichen und ökologischen Auswirkungen dieser Naturschutzmaßnahmen auf der Ebene der neugebildeten Dörfer waren wohl, gerade in den Augen der Landbevölkerung, deren lokalpolitische und bodenrechtliche Implikationen. Eingriffe in die Landnutzung bildeten nämlich ein wichtiges Feld der Machtausübung auf lokaler Ebene, die im Zuge der *Villagization* völlig neu organisiert worden war.[109] Die bis in die 70er Jahre noch mit gewissen Kompetenzen ausgestatteten "traditionellen" Amtsträger (*Chiefs, Headmen*) waren nun formal völlig entmachtet und durch neuartige Gemeindeverwaltungen ersetzt, die alltagssprachlich als *Village Governments* bezeichnet werden. Diese sind dem Anspruch nach der Dorfbevölkerung rechenschaftspflichtig, faktisch aber, zumindest bis vor kurzem, in starkem Maße von lokalen Funktionären der Partei (vor allem den *Ward*- und *Divisions*-Sekretären) kontrolliert; wesentliche Aufsichtsrechte hat auch die jeweilige Distriktverwaltung.[110] Auch wenn in der Praxis die älteren dörflichen Eliten weiterhin Einfluß haben, brachte diese Neuorganisation doch eine gewisse Verschiebung der lokalen Machtverhältnisse mit sich, vor allem zugunsten jüngerer Leute mit Schulbildung.

Die Mobilisierung der Dorfbevölkerung zur (unbezahlten) Arbeit auf Gemeinschaftsfeldern, bei Aufforstungen und anderen kommunalen Projekten sowie die Durchsetzung von Erosionsschutzmaßnahmen auf dem Land der einzelnen bäuerlichen Familien waren in diesem Kontext auch ein wichtiger Testfall für die Legitimität der neuen dörflichen Führer. Sie stützten sich dabei, zumindest in offizieller Lesart, auf eine neuartige Rhetorik. Traditionalistische Gemeinschaftsdiskurse spielten in Form des Ujamaa-Gedankens zwar weiterhin eine Rolle bei der Begründung der Rechte und Pflichten der einzelnen im Hinblick auf (dorf-)öffentliche Belange; doch war von "traditioneller" Abstammung und Hierarchie, die unter *Indirect Rule* eine so große Rolle gespielt hatten, nicht mehr die Rede. Die "Dorfgemeinschaft" galt nunmehr als rein räumlich-territorial definierte Zusammenfassung gleichberechtigter Einwohner, als eine Art bürgerlicher Territorialstaat *en miniature*. Diesem neuen Konzept lokaler Gemeinschaft kam eine Betonung der Aufgabe kommunaler Nutzung und Bewahrung des Dorflandes durchaus entgegen.

Im Rahmen der neuen Dorfgesetzgebung wurden auch die landrechtlichen Vorraussetzungen für solche Aufgaben geschaffen. Durch seine amtliche Registrierung wurde das Dorf, vertreten durch die Dorfverwaltung (*Village Council*) zu einer Körperschaft, die u.a. Besitz- und Verfügungsrechte über das gesamte Dorfland innehat.[111] Dies erforderte die Vermessung der Gemarkungsgrenzen und die Ausstellung korporativer Landtitel, die wiederum das Recht auf Vergabe von Unter-Titeln an die einzelnen Dorfbewohner einschließen. Diese rechtlichen Maßnahmen, die auf eine beschleunigte, flächendeckende Territorialisierung der ländlichen Gesellschaft in Tanzania hinauslaufen, sind allerdings bis heute noch längs nicht abgeschlossen. Von vielen Dorfverwaltungen wurde allerdings das ebenfalls in den neuen Gesetzen verankerte Recht auf Aneignung von Individualland innerhalb der Dorfgrenzen zu Zwecken der Entwicklung und öffentlichen Wohlfahrt[112] in Anspruch genommen, insbesondere für die erwähnten Dorfgemeinschaftsfelder und Aufforstungen sowie für die Umverteilung von Land an Umgesiedelte. In den letzten Jahren wurden auch erste *Village Forest Reserves* auf Dorfland eingerichtet. Bei all diesen Schritten ergaben sich vielfach innerdörfliche Landkonflikte, in denen die Betroffenen sich auf das ältere "Gewohnheitsrecht" (*Customary Law*) beriefen, das bis heute nicht abgeschafft ist, sondern neben dem Dorfrecht widerspruchsvoll weiterexistiert.[113] Der Naturschutzgedanke kam bei all den landrechtlichen Eingriffen auf Dorfebene am ehesten in *By-Laws* und *Village Orders* zum Tragen, die vor allem in den 80er Jahren in zunehmender Zahl von *District* und *Village Councils* erlassen wurden.[114] Sie bildeten die wichtigsten rechtlichen Instrumente zur Durchsetzung der bereits erwähnten postkolonialen Naturschutzprogramme, die auch auf ausländischen Druck in dieser Zeit überall in Gang kamen.

Erneut wurde nun von den Entwicklungsplanern der "Ressourcenschutz" nicht mehr als Gegner, sondern als zentrales Moment von "Entwicklung" betrachtet. Stärker noch als in der Kolonialzeit wurden dabei Aspekte sozialen Ausgleichs betont; die entwicklungspolitischen Leitkonzepte der 70er und 80er Jahre wie "Armutsorientierung" und "Selbsthilfe" sowie das eigentlich schon ältere Konzept der "Gemeinschaftsbildung" (*Community Development*) wurden auch bei Naturschutzmaßnahmen vielfach beschworen, gerade auf seiten internationaler Geberinstitutionen. In der Praxis traten allerdings zahlreiche Widersprüche dadurch auf, daß die Programme sich durchgängig auf die neuen kommunalen Institutionen und Rechte stützten. Die darin vertretenen lokalen Eliten pflegten ein eher hierarchisches Verständnis von Öffentlichkeit, verlegten sich eher auf den Erlaß von Vorschriften als auf geduldige Beratungsarbeit und setzten kommunale Unternehmungen immer wieder zu ihrem privaten Vorteil ein. Die Folge war ein eklatanter Verfall der Legitimität der lokalen Verwaltungen gegenüber den Bauern, der die Durchführung der Naturschutzprogramme vielfach be- oder verhinderte. Das gilt vor allem für Maßnahmen, die allein öffentlichen Nutzen bringen, d.h. den (staatlichen und kommunalen) Vertretern der lokalen Öffentlichkeit Aneignungschancen eröffnen. Um Ventile für den aufgestauten Unmut zu öffnen und sich ein Minimum an Legitimität zu sichern, konzentriert sich die Landnutzungsstrategie vieler lokaler Führer anstelle von

"Naturschutz" auf die Gewinnung von Neuland für ihre Mitbewohner. *Ujamaa* und "Dorfgemeinschaft" wurden so vielerorts zu Stichworten für eine lokale Geopolitik, d.h. für eine Ausweitung des Feldbaus auf Kosten marginaler Böden und Bevölkerungen, wie etwa von Forstreservaten oder von Weidegebieten der pastoralistischen Masai und Datoga. Angesichts dieser Krise des Konzepts von Naturschutz als "öffentliche Angelegenheit" ist es umso bemerkenswerter, daß seit den späten 80er Jahren die Bereitschaft tanzanischer Bauern zu Naturschutzmaßnahmen auf individueller Ebene enorm zugenommen zu haben scheint.

In den schon mehrfach als Beispiel genannten Usambara-Bergen, aber auch in anderen Hochländern Tanzanias, finden heute sehr ähnliche Anti-Erosions-Maßnahmen wie jene, die noch vor kaum 40 Jahren auf so heftigen Widerstand stießen, ein auffälliges, teilweise geradezu stürmisches Interesse. Das betrifft in erster Linie die Anlage von Dauerkulturen (Baumpflanzungen), aber auch etwa den Bau von Hangterrassen oder die Schließung bestimmter Flächen für die Beweidung. Dahinter scheint nicht sosehr, oder nicht allein, ein real gewachsener ökologischer Problemdruck zu stehen, sondern vor allem veränderte Rahmenbedingungen auf lokaler Ebene. Zum einen haben der Feldbau im allgemeinen, und Baumprodukte (in erster Linie Holz) sowie Terrassenbau (Gemüse u.ä.) im besonderen in den letzten Jahren eine erhebliche Wertsteigerung erfahren. Als flächenintensive Kulturen sind sie besonders attraktiv für soziale Gruppen, die nur wenig Land haben (etwa jüngere Bauern) sowie als Kapitalanlage. Das erstgenannte Interesse steht potentiell in Opposition zu den extensiven Flächenbedürfnissen der Viehhalter, das zweite stellt eine Alternative zur Sparfunktion von Viehbesitz dar.

Zum anderen gibt es jedoch auch deutliche Anzeichen, daß bei derartigen Investitionen bodenrechtliche Motive eine erhebliche Rolle spielen. Baumpflanzungen, Erosionsschutzstreifen, Terrassen und Drainage- oder Bewässerungsbauten dienen zur Markierung von Besitzgrenzen, als Beweis und zur Verstetigung von Besitzrechten unter dem Nutzungsprinzip (nach *Customary Law*), sowie als Schutz vor Enteignung durch Zentral- und Dorfregierungen, da sie die dann fälligen Kompensationsleistungen in die Höhe treiben.[115]

Internationale Geber unterstützen heute diesen Trend zur "Privatisierung" des Naturschutzes in den von ihnen mitfinanzierten Projekten durch spezielle Anreize für Einzelinitiativen und nicht-offizielle Gruppen. Dazu gehören z.B. die Förderung privater Baumschulen, die Stärkung genossenschaftlicher Zusammenschlüsse unterhalb der Ebene des Dorfes, oder auch die Einbeziehung von Anrainern in die Überwachung und Nutzung von Wild- und Waldschutzgebieten. Diese Bemühungen passen gut in die aktuelle Politik ökonomischer "Liberalisierung" mit ihren oft problematischen sozialen Konsequenzen. Sie werden auch in der gegenwärtigen Debatte um eine Reform des Bodenrechts in Tanzania reflektiert.[116] Zuwenig Beachtung findet jedoch bisher die Krise der Dörfer als Gemeinwesen, die ebenfalls große Bedeutung für das Interesse an Bodenverbesserungs- und Rehabilitationsmaßnahmen hat. Es ist die offene Frage nach einer kommunalen Öffentlichkeit, die erforderlich wäre, über wachsende soziale Gegensätze hinweg eine Verständigung über tragfähige Formen der Naturaneignung bzw. eine direktere Form der Aushandlung der dabei entstehenden Konflikte zu erreichen. Wurde die Fähigkeit zur Konsensbildung in diesen Fragen durch die von der Regierung oktroyierte Bildung von Großdörfern im Zuge der *Villagization*, die im Grunde nur eine neue Schicht lokaler Institutionen über die in früheren Perioden entstandenen legte, ohne jene ganz zu beseitigen, erschwert oder gar blockiert? Sind ältere oder informelle Institutionen, die sich an Nachbarschaft, Lokalität, Generation oder religiösen Kulten orientieren, im angedeuteten Sinne tragfähiger als die offizielle Dorfgemeinde? Wie wirkt sich in diesem Zusammenhang die gegenwärtige Demokratisierung in Tanzania aus, die auch auf die Ebene der Lokalverwaltungen durchschlägt? Zum jetzigen Zeitpunkt können auf diese Fragen kaum Antworten gegeben werden. Offensichtlich aber werden diese Antworten, von denen nicht nur die Chancen künftiger Naturschutzpolitik abhängen werden, sowohl auf lokaler als auch auf nationaler Ebene auszuhandeln sein.

Fazit

In der Rückschau wird deutlich, daß der Anspruch des Schutzes der natürlichen Umwelt im Gebiet des heutigen Tanzania von Anfang an die Entfaltung zentralstaatlicher Politik begleitete. Die Umsetzung dieses Anspruches variierte aber erheblich in Art und Intensität. Im Längsschnitt scheint eine eher wellenförmige Bewegung sichtbar zu werden, die sich im übrigen mit gängigen Periodisierungen überschneidet. Intensive, insgesamt wenig erfolgreiche Eingriffe in die bäuerliche Landnutzung auf ganzer Breite (in den 1890er, späten 1930er bis frühen 50er und ab Mitte der 1970er Jahre) wechselten mit einem Rückzug der Naturschutzpolitik auf staatlich kontrollierte Flächen bei Ausschließung privater Landrechte (in der späten deutschen und frühen britischen Zeit; dann wieder von der späten Kolonial- bis in die frühe Unabhängigkeitszeit). Allerdings spielen jeweils unterschiedliche historische Kontexte in diese Bewegungen hinein.

Nur geringen Einfluß scheinen reale ökologische Veränderungen und Krisen gehabt zu haben: Gerade in Phasen krisenhaften Rückgangs der Landnutzung (nach der Rinderpest in den 1890er, nach der Weltwirtschaftskrise in den 1930er, und während des Zusammenbruchs staatlicher Regulation in den

1970er und 80er Jahren) verbreiteten sich "Belastungsdiskurse" (Eder) im Hinblick auf die Natur. Und gerade in Regionen, die in Tanzania besonders gern zur Rechtfertigung solcher Diskurse herangezogen wurden, wie etwa Kondoa-Irangi, scheinen großflächige ökologische Degradation und Rehabilitation schon lange vor dem Zeitalter staatlicher Landnutzungsplanung einander abgelöst zu haben. Zweifellos hat im Verlauf der letzten 100 Jahre durch Bevölkerungswachstum, Wanderungsbewegungen und Marktfruchtanbau der Druck auf das Land insgesamt zugenommen, in vielen Gebieten vermutlich mehr als je zuvor. Dennoch muß immer auch danach gefragt werden, weshalb in bestimmten Zeiten und Regionen die Wahrnehmung ökologischer Krisen so stark in den Vordergrund tritt und in anderen nicht. Auf diese Frage konnte im vorliegenden Beitrag nicht näher eingegangen werden.

Ein enger Zusammenhang zeigte sich im geschichtlichen Überblick zwischen Naturschutz- und Entwicklungspolitik in Tanzania. Bei insgesamt zunehmender Tendenz kam es, über Gesetzgebung und Rhetorik hinaus, zu realen Investitionen in eher langfristig gedachten Naturschutz in diesem Land offenbar immer wieder gerade dann, wenn zugleich, durchaus kurzfristig, die landwirtschaftliche Produktion angekurbelt werden sollte. Das gilt besonders für die Jahre vor dem Ersten Weltkrieg, nach 1945 und seit dem Ende der 70er Jahre. Dabei muß aber, wie schon erwähnt, deutlich nach dem Rechtsstatus der Flächen unterschieden werden, in welche diese Investitionen flossen. Zunächst wurden die meisten Mittel in die Aneignung und Verwaltung staatseigener Reservate gesteckt, was wenigstens teilweise immer auch auf eine Erhöhung der Staatseinnahmen abzielte. Erst nach dem zweiten Weltkrieg und dann wieder in den 80er Jahren (mit internationaler Unterstützung) flossen größere Investitionen in Wald-, Wasser- und Erosionsschutz auf bäuerlichem bzw. kommunalem Land. Auch dort allerdings wurde der Naturschutz vor allem als Mittel langfristiger Einkommenssicherung gesehen. Diese Sicht traf sich u.U. mit derjenigen der Bauern, auch wenn diese im einzelnen sehr unterschiedliche Prioritäten setzten: Geplante und z.T. erzwungene "Naturschutz"-Maßnahmen fanden am ehesten dann Resonanz, wenn sie mit den Landnutzungsstrategien bestimmter bäuerlicher Gruppen zusammenpaßten.

Die gerade für Tanzania typische Verknüpfung von Naturschutz mit Einkommenszielen kann aber dessen Geschichte nicht ausreichend erklären. Der Anspruch des Staates, die Landnutzung auf seinem gesamten Territorium zu kontrollieren, umfaßte immer wieder auch Phasen und Regionen, in denen wenig volks- oder privatwirtschaftlicher Gewinn zu erwarten war. Dieser Regelungsanspruch, vorgetragen mit Argumenten eines "öffentlichen Interesses", hatte immer auch einen ordnungspolitischen Aspekt. Naturschutzmaßnahmen lieferten u.a. Begründungen für neue Landrechtskonzeptionen, richteten sich gegen

Formen sozio-ökonomischer Ungleichheit, dienten als Mittel zur Durchsetzung lokaler Verwaltung, bildeten Projektionsflächen für lokale Identitäten. Beträchtliche Wandlungen machten allerdings die dabei zugrunde gelegten Modelle sozialer Ordnung durch. In wechselnden Kombinationen kamen traditionalistische und modernistische, hierarchische und egalitäre, auf Abstammung ("Stamm", "Clan") und auf Territorialität basierende Konzepte zum Tragen.

Auch und gerade deshalb wurden Naturschutzmaßnahmen immer wieder zum Auslöser oder Verstärker lokaler Auseinandersetzungen. In der Praxis kamen sie den Interessen zentraler, aber auch lokaler Eliten an Land und Macht vielfach entgegen, während sie bei anderen Bevölkerungsgruppen oft auf entsprechenden Widerstand stießen. Zugleich förderten sie aber auch die Suche nach neuen Formen der Legitimation von Macht und Gemeinschaft, nach kleinräumiger wie übergreifender Öffentlichkeit. Dabei kamen freilich oft widerspruchsvolle Synthesen heterogener Konzepte heraus, die sich gegenseitig eher zu blockieren als zu befruchten scheinen. Der Mangel an Aushandlungs-, Durchsetzungs- und Rechenschaftsfähigkeit bei "öffentlichen" Angelegenheiten ist ein besonders schwerwiegendes Erbe kolonialer und nachkolonialer Herrschaft in Tanzania. Insofern stellt die gegenwärtige Konjunktur von Naturschutzdebatten in Tanzania eine besondere Herausforderung dar. Diese sind untrennbar verknüpft mit den ordnungspolitischen Umbrüchen der Liberalisierung, Entstaatlichung und Demokratisierung, die auch das ländliche Tanzania erfaßt haben.

Anmerkungen

1   Ministry of Lands, Natural Resources and Tourism (MLNRT): Tanzania Forestry Action Plan 1990/91-2007/08, Dar es Salaam 1990.
2   Mit dieser Fragestellung fügt sich mein Beitrag in eine breitere, aber noch junge Debatte zur Geschichte des Naturschutzes in ehemaligen Kolonialgebieten, speziell im anglophonen Afrika, ein. Siehe insbesondere die Sammelbände von Anderson, David/Grove, Richard (Hrsg.): Conservation in Africa. People, policies and practice, Cambridge 1987; Beinart, William (Hrsg.): The politics of conservation in Southern Africa, in: Journal of Southern African Studies, 15, 1989; MacKenzie, John M. (Hrsg.): Imperialism and the natural world, Manchester/New York 1990. Eine Behandlung dieses Themas für Tanzania steht bisher noch weitgehend aus. Vgl. jedoch die Fallstudie von Neumann, Roderick P.: Ways of seeing Africa: Colonial recasting of African society and landscape in Serengeti National Park, in: Ecumene, 1994.
3   Vgl. Vorarbeiten unseres 1993 verstorbenen Kollegen Jürgen Herzog für ein größeres Projekt zu diesem Thema: Herzog, Jürgen (posthum herausgegeben von A. v. Oppen): Ökologie und Kolonialismus. Plädoyer für eine historische Umweltforschung, Arbeitshefte aus dem Forschungsschwerpunkt Moderner Orient 3, Berlin 1994.

4　Klassische Untersuchungen sind u.a. Ford, John: The role of the trypanosomiases in African ecology: A study of the Tsetse fly problem, Oxford 1971; Kjekshus, Helge: Ecology control and economic development in East African history. The case of Tanganyika 1850-1950, London 1977; und Iliffe, John: A modern history of Tanganyika, Cambridge 1979 (speziell Kap. 2, 5, 9 und 14); eine wichtige neuere Arbeit ist Giblin, James L.: The politics of environmental control in North-Eastern Tanzania, 1840-1940, Philadelphia 1992. Zwei Überblicke mit eigener Stellungnahme bieten Koponen, Juhani: Famine, flies, people and capitalism in Tanzanian history: Some critical historiographical comments on works by John Iliffe and Helge Kjekshus, Institute of Development Studies Occasional Paper 8, Helsinki 1989; und Herzog, a.a.O. Siehe auch Maddox, Gregory /Giblin, James L./Kimambo, Isaria N. (Hrsg.): Custodians of the land. Ecology and culture in the history of Tanzania, Eastern African Studies, London/Athens (Ohio)/Daressalaam 1995 (im Druck).

5　In der deutschen Agrarsoziologie ist der Begriff "Bodenrecht" verbreitet, der hier aber zu eng erscheint. Treffender ist m. E. der englische Begriff *land rights*.

6　Vgl. Eder, Klaus: Die Vergesellschaftung der Natur. Studien zur sozialen Evolution der praktischen Vernunft, Frankfurt/Main 1988, S. 50.

7　Vgl. dazu besonders die Beiträge von Richard Grove in Anderson/Grove (Hrsg.), a.a.O.; Beinart (Hrsg.), The politics of conservation, a.a.O.; und MacKenzie (Hrsg.), Imperialism, a.a.O.

8　Siehe z.B. einige Beiträge in Luig, Ute/von Oppen, Achim (Hrsg.): Naturaneignung in Afrika als sozialer und symbolischer Prozeß, Arbeitshefte aus dem Forschungsschwerpunkt Moderner Orient, Berlin 1995.

9　Vgl. dazu, für das südliche Afrika als Ganzes, die bahnbrechende Untersuchung von Beinart, William: Soil erosion, conservationism and ideas about development: A Southern African exploration, 1900-1960, in: Journal of Southern African Studies, 11, 2, 1984, S. 52-83.

10　Vgl. Berry, Sara: Access to land: Property rights as social process, in: Berry, Sara: No condition is permanent. The social dynamics of agrarian change in Subsaharan Africa, Madison 1993, S. 101-134.

11　Dieser Zusammenhang wird von Berry, ebd., beispielhaft herausgearbeitet. Allerdings halte ich die Rede von "Gemeinschaft" im Rahmen von Landrechtsdebatten nicht nur für ein vom Kolonialstaat verordnetes Mittel oder gar Hindernis bei der Verfolgung bäuerlicher Einzelinteressen. Vgl. auch Chanock, Martin: Paradigms, policies, and property. A review of the customary law of land tenure, in: Mann, Kristin/Roberts, Richard (Hrsg.): Law in colonial Africa, Portsmouth N.H./London 1991, S. 61-84.

12　Zu den territorialen Aspekten dieses Vorgangs siehe Deutsch, Jan-Georg: Inventing an East African Empire: The Zanzibar Delimitation Commission of 1885/1886, in: Heine, Peter/van der Heyden, Ulrich (Hrsg.): Studien zur Geschichte des deutschen Kolonialismus in Afrika, Pfaffenweiler 1995.

13　Z.B. Iliffe, a.a.O., S. 126f.

14　Z.B. Stuhlmann, Franz: Über die Uluguru-Berge in Deutsch-Ostafrika: Mitteilungen aus den Deutschen Schutzgebieten, 8, 1895, S. 209-226.

15　Waldordnung für Usambara, Deutsch-Ostafrika, vom 20.10.1895 in: Deutsches Kolonialblatt, 6, 1896, S. 4.

16　Deutsches Kolonialblatt, 15, 1904, Nr. 22, S. 653ff.

17　Kaiserliches Gouvernement von Deutsch-Ostafrika (Hrsg.): Die Landesgesetzgebung des Deutsch-Ostafrikanischen Schutzgebiets, 2. Aufl., Tanga/Daressalaam 1911, S. 587-591.

18 Von Perbandt, Conrad/Richelmann, G./Schmidt, Rochus: Hermann von Wissmann - Deutschlands größter Afrikaner. Sein Leben und Wirken unter Benutzung seines Nachlasses, Berlin 1906, S. 439-444.
19 Deutsches Kolonialblatt, 14, 1903, Nr. 14. Vgl. auch Koponen, Juhani: Development for exploitation: German colonial policies in mainland Tanzania, 1884-1914, Finnish Historical Society Studia Historica 49 - Studien zur Afrikanischen Geschichte 10, Helsinki/Hamburg 1995, S. 536f.
20 Schabel, H. G.: Tanganyika forestry under German colonial administration, 1891-1919, in: Forest and Conservation History, 7, 1990, S. 131. Zur Verwaltungsstruktur siehe auch den Beitrag von Deutsch in diesem Band.
21 Legalisiert durch die Verordnung des Reichskanzlers vom 29.3.1901 "betreffend die Vereinigung von Wohnplätzen der deutsch-ostafrikanischen Bezirke zu je einem, vom Bezirksamtmann verwalteten und vom Gouverneur beaufsichtigten Kommunalverband..."
22 Bald, Detlef: Deutsch-Ostafrika 1900-1914. Eine Studie über Verwaltung, Interessengruppen und wirtschaftliche Erschließung, Afrika-Studien, Ifo-Institut für Wirtschaftsforschung, München 1970, S. 41-44 und S. 51-53. Die Kommunalverbände wurden aus diesen und anderen Gründen 1909 unter Gouverneur v. Rechenberg wieder aufgelöst. Vgl. die Diskussion in Fischer, R.: Selbstverwaltung, in: Schnee, Heinrich (Hrsg.): Deutsches Koloniallexikon, 3 Bände, Leipzig 1920, Bd. 3, S. 340-347.
23 "Kaiserliche Verordnung über die Schaffung, Besitzergreifung und Veräußerung von Kronland und über den Erwerb und die Veräußerung von Grundstücken in Deutsch-Ostafrika im allgemeinen" vom 26.11.1895, in: Deutsch-Ostafrika, Kaiserliches Gouvernement von Deutsch-Ostafrika (Hrsg.), a.a.O. Vgl. Sippel, Harald: Aspects of colonial German land law in East Africa: German East Africa Company, Crown Land Ordinance, Europeans' plantations, Reservations for Africans, in: Debusmann, Robert (Hrsg.): Land law and land ownership in Africa. Case studies from colonial and contemporary Cameroon and Tanzania, Bayreuth African Studies Series, Bayreuth (im Druck).
24 Vgl. Köbner: Landgesetzgebung und Landpolitik, in: Schnee (Hrsg.), a.a.O., Bd. 2, S. 414-424.
25 In einer der Ausführungsbestimmungen zur "Kronlandverordnung" wurde festgelegt, daß "außer den von Eingeborenen bereits bepflanzten Grundstücken jedem Dorfe, jeder Gemeinde oder jedem Gehöfte das ungefähr vierfache des wirklich bepflanzten Gebiets in einer für die Landeskultur günstigen Lage und Beschaffenheit zuzusprechen ist". Siehe Verordnung vom 10.2.1896, in: Kaiserliches Gouvernement von Deutsch Ostafrika (Hrsg.), a.a.O., S. 218.
26 Köbner, a.a.O.
27 Büsgen, M.: Forstwesen, in: Schnee (Hrsg.), a.a.O., Bd. 1, S. 650-658.
28 Ebenda.
29 Von Perbandt/Richelmann/Schmidt, a.a.O., S. 439.
30 Z.B. die *International Convention for the Preservation of Wild Animals, Birds and Fish in Africa* (1900) und ein Abkommen über Waldungen in Grenzgebieten.
31 Dazu allgemein MacKenzie, John M.: The empire of nature: Hunting, conservation, and British imperialism, Manchester 1988.
32 Gouverneur von Götzen 1904 an Reichskolonialamt (zitiert nach Schabel, a.a.O., S. 132); Rodenwaldt, U.: Die Forstwirtschaft in Deutsch-Ostafrika unter englischer Mandatsverwaltung, in: Kolonialforstliche Mitteilungen, 2 (1939/40), 1, S. 119.

33 Zur Entwicklung und Organisation der Forstverwaltung in "Deutsch-Ostafrika" siehe Siebenlist, Th.: Forstwirtschaft in Deutsch-Ostafrika, Berlin 1914, S. 1-3; Anonymus (Dr. Fr.): Der Forstdienst und das forstliche Versuchswesen in den deutschen Schutzgebieten nach dem Stande vom Jahre 1914, in: Kolonialforstliche Mitteilungen, 2 (1939/40), 4, S. 378-80; Schabel, a.a.O., S. 131.
34 Gieseler, F. R.: Was lehren uns die Anfänge unserer kolonialen Forstwirtschaft? in: Zeitschrift für das Forst- und Jagdwesen, 44, 1912, S. 222-233; (nach Schabel, a.a.O., S. 131).
35 Ebenda, S. 140, Anm. 29.
36 Jahresberichte über die Entwicklung der Schutzgebiete in Afrika (nach Schabel, a.a.O., S. 134 und Anm. 3).
37 Busse, Walter K. O.: Die periodischen Grasbrände im tropischen Afrika, ihr Einfluß auf die Vegetation und ihre Bedeutung für die Landeskultur, in: Mitteilungen aus den deutschen Schutzgebieten, 21, 1908, S. 113-139.
38 Koponen, Development of exploitation, a.a.O., S. 537.
39 Busse, a.a.O.
40 Koponen, Development for exploitation, a.a.O., S. 591. Vgl. dazu die Diskussionen in Kjekshus, a.a.O., S. 126ff. und Koponen, Development of exploitation, a.a.O., S. 15f., die diese Epidemien als Symptome des Zusammenbruchs vorkolonialer "Umweltkontrolle" sehen, die vor allem durch die Abnahme der Grasbrände ausgelöst worden sei, die wiederum mit erzwungener Ausdünnung und Umverteilung der Bevölkerung im Übergang zur Kolonialherrschaft zusammengehangen habe.
41 Gieseler, a.a.O.
42 Vgl. die Übersicht über verschiedene Formen "traditioneller Forstreservate" (Heilige Haine) im Babati-Distrikt von Gerdén, Carl Åke/Mtallo, S.: Traditional forest reserves in Babati District, Tanzania. A study in human ecology, Swedish University of Agricultural Sciences, International Rural Development Centre, Working Paper 128, Uppsala 1990.
43 Wie solche Wahrnehmungen in Protest gegen Naturschutzmaßnahmen in den Usambara-Bergen mündeten, hat für eine sehr viel spätere Phase Feierman gezeigt. Vgl. Feierman, Steven: Peasant Intellectuals: Anthropology and History in Tanzania, Madison 1990.
44 "Waldschutzverordnung" vom 27.2.1909; "Jagdverordnungen" vom 5.11.1908 und vom 1.11/30.12.1911. Vgl. Koponen, Development for exploitation, a.a.O., S. 530f., 540; Schabel, a.a.O., S. 134.
45 Zitiert nach Koponen, Development for exploitation, a.a.O., S. 540.
46 Bald, a.a.O., S. 186f.
47 Um 1896 wurde das Waldforschungsreservat "Sachsenwald" bei Daressalaam eingerichtet, Mangrovenbestände an der Küste reserviert, und zwei Wildschutzgebiete am Kilimandjaro und Rufiji gebildet.
48 Siebenlist, a.a.O., S. 7.
49 Ausführungsbestimmungen zur Waldschutzverordnung von 1909, Artikel 3, in: Kaiserliches Gouvernement von Deutsch-Ostafrika (Hrsg.), a.a.O., S. 590.
50 Siebenlist, a.a.O., S. 60.
51 Z.B. Anpflanzung von Kokospalmen durch eine Verordnung von 1893.
52 Siebenlist, a.a.O., S. 40f.; Harrer, F.: Aufforstungsprobleme in Deutsch-Ostafrika, in: Kolonialforstliche Mitteilungen, 2 (1939/40), 1, S. 76-80; Schabel, a.a.O., S. 134f.
53 Rodenwaldt, a.a.O., S. 115.
54 Interview im Forestry Department am 24.6.1991.

55 Britische Forstberichte, zitiert in Rodenwaldt, a.a.O., S. 115.
56 Iliffe, a.a.O., S. 286f.
57 Rodenwaldt, a.a.O.
58 Die Einkünfte deckten 1909-13 ebenso wie in den 20er und 30er Jahren nur zwischen einem und zwei Dritteln der Personal- und Sachausgaben der Forstverwaltung ab. Siebenlist, a.a.O., S. 5; Rodenwaldt, a.a.O., S. 121.
59 Vgl. z.B. Harrison, E. H.: Soil erosion memorandum, in: The East African Agricultural Journal, 3, 1938, S. 438-39.
60 In Tanganyika insbesondere die Ernennung von E.H. Harrison zum Director of Agriculture (1929), der in der Folge eine Reihe von Konferenzen und Beratungsgremien zum Problem der Bodenerosion ins Leben rief. Vgl. Berry, L./Townshend, J.: Soil conservation policies in the semi-arid regions of Tanzania, a historical perspective, in: Rapp, Anders/Berry, Len/Temple, Paul (Hrsg.): Studies of soil erosion and sedimentation in Tanzania, BRALUP Research Monograph 1, Dar es Salaam 1973, S. 242ff.
61 Vgl. z.B. Koponen, Juhani: People and production in late pre-colonial Tanzania. History and structures, Monographs of the Finnish Society for Development Studies 2, Helsinki 1988, S. 367f.; Christianson, Carl: Degradation and rehabilitation of agropastoral land - perspectives on environmental change in semiarid Tanzania, in: Ambio - a Journal of the Human Environment, 17, 2, 1988, S. 146f.; Stuhlmann, a.a.O.
62 Berry/Townshend, a.a.O., S. 243; Temple, Paul H.: Soil and water conservation policies in the Uluguru mountains, in: Rapp/Berry/Temple (Hrsg.), a.a.O., S. 113f.
63 Tenga, Ringo W.: Tanzanian land law, in: Hoben, Allan/Bruce, John/Johansson, Lars (Hrsg.): Proceedings of the Arusha Workshop on Land Policy (Held at the Arusha Conference Centre August 27-29, 1991), Dar es Salaam 1991, S. 19.
64 Vgl. Ranger, Terence O.: The invention of tradition in colonial Africa, in: Hobsbawm, Eric J./Ranger, T. O. (Hrsg.): The invention of tradition, Cambridge 1983, S. 211-262.
65 Pitblado, J. R.: A review of agricultural land use and land tenure in Tanzania, BRALUP Research Note 7, Dar es Salaam 1970, S. 9.
66 Eine solche Umorientierung der *development conditions* wird heute im Rahmen der Bodenrechtsreformdiskussion in Tanzania intensiv diskutiert.
67 Berry/Townshend, a.a.O., S. 247.
68 Ebenda, S. 243; Temple, a.a.O., S. 114.
69 Rodenwaldt, a.a.O., S. 115.
70 Berry/Townshend, a.a.O., S. 248f.
71 Ebenda, S. 249f.
72 Z.B. Gillman, C.: Population problems of Tanganyika Territory, in: East African Agricultural Journal, 11 (1945/46), 2, S. 86-93.
73 Neumann, Roderick P.: Political ecology of wildlife conservation in the Mt. Meru area of Northeast Tanzania, in: Land Degradation and Rehabilitation, 3, 1992, S. 88f.
74 Ebenda, S. 89.
75 *Resettlement of Natives Ordinance* (1947), die allerdings schließlich aufgrund ihrer politischen Brisanz fallen gelassen wurde. Vgl. McHenry, Dean E.: Tanzania's Ujamaa Villages: The implementation of a rural development strategy, Berkeley 1979, S. 18, und *Public Lands (Preserved Areas) Ordinance* (1954).
76 Government of Tanganyika (u.a.): Soil erosion memoranda (The Secretariat), Daressalaam 1938.
77 Nach Attems, Manfred: Bauernbetriebe in tropischen Höhenlagen Ostafrikas. Die Usambara-Berge im Übergang von der Subsistenz- zur Marktwirtschaft, IFO-Institut für Wirtschaftsforschung München - Afrika-Studien 25, München 1967, S. 161f.

78 Vgl. z.B. die ebenda abgedruckten Verordnungen des *Mlalo Rehabilitation Scheme*.
79 Berry/Townshend, a.a.O., S. 244, 249; Maguire, G. A.: Towards 'Uhuru' in Tanzania, Cambridge 1969.
80 Vgl. Young, Roland/Fosbrooke, Henry: Land and politics among the Luguru of Tanganyika, London 1960; Cliffe, Lionel: Nationalism and the reaction to enforced agricultural change in Tanganyika during the colonial period, in: Cliffe, Lionel/Saul, John (Hrsg.): Socialism in Tanzania, Bd. 1: Policies, Dar es Salaam 1972, S. 17-24 (Erste Fassung 1964; auch erschienen in: Taamuli 1 (1970), 1).
81 Vgl. Feierman, a.a.O., S. 181ff.
82 Z.B. nach Temple, a.a.O., S. 117f.
83 Duff, P. C.: Land and politics among the Luguru of Tanganyika: A letter, in: Tanganyika Notes and Records, 57, 1961, S. 111-114; Maguire, a.a.O., S. 30f.
84 Young/Fosbrooke, a.a.O.; Temple, a.a.O., S. 118; Berry/Townshend, a.a.O., S. 250f.
85 Cliffe, a.a.O., S. 19f.
86 Raikes, Philip: Wheat production and the development of capitalism in North Iraqw, in: Cliffe, Lionel/Lawrence, P./Luttrell, W./Migot-Adholla, S./Saul, John (Hrsg.): Rural Cooperation in Tanzania, Dar es Salaam 1975, S. 79-102; Schultz, Jürgen: Agrarlandschaftliche Veränderungen in Tanzania: Ursachen, Formen und Problematik landwirtschaftlicher Entwicklung am Beispiel des Iraqw-Hochlandes, München 1971; Iliffe, a.a.O., S. 473f.
87 Cliffe, a.a.O.
88 Thornton, Robert J.: Space, time, and culture among the Iraqw of Tanzania, New York 1980, S. 77.
89 Ebenda, S. 78.
90 Feierman, a.a.O., Kap. 6 u. 7.
91 Ebenda, S. 154-203.
92 Umgerechnet nach Hailey, Lord: An African Survey - revised 1956. A study of problems arising in Africa south of the Sahara, 2. Aufl., London et. al, 1957, S. 933 und S. 944.
93 World Resources Institute: Tanzania land tenure: Allocating land for community forestry, Washington, D.C 1993, S. 7.
94 Neumann, a.a.O., S. 90.
95 Lundgren, Björn/Lundgren, Lill: Socio-economic effects and constraints in forest management: Tanzania, in: Hallsworth, E. G. (Hrsg.): Socio-economic effects and constraints in tropical forest management, London 1982, S. 47; Conyers, Diana: Forestry in Tanzania, Dar es Salaam 1969; (errechnet nach Tabellen I und II); Forestry Division, Ministry of Natural Resources and Tourism: Forest Reserves (Karte mit Kommentar), Dar es Salaam o.J. (ca. 1972).
96 Lundgren/Lundgren, a.a.O., S. 50; Attems, a.a.O., S. 47.
97 Temple, a.a.O., S. 119.
98 Vgl. Raikes, Phil: Eating the carrot and wielding the stick: The agricultural sector in Tanzania, in: Boesen, Jannik/Havnevik, Kjell J. et. al (Hrsg.): Tanzania - crisis and struggle for survival, Uppsala 1986, S. 105-141.
99 Forestry Division, a.a.O.; Malimbwi, R. E./Mgeni, A. S. M.: Prospects of multi-resource inventories in Tanzanian natural forests, in: Mgeni, A.S.M./Abeli, W. S./Chamshama, S. A. O./Kowero, G. S. (Hrsg.): Management of Natural Forests of Tanzania. Proceedings of a joint seminar Sokoine University of Agriculture and Agric. University of Norway Cooperation, Olmotonyi Dec. 1988, Morogoro 1990, S. 71; die Nutzung betrifft

fast ausschließlich Naturwälder, nur auf ca. 800 km² Reservatsfläche (d.h. unter 1 %) stehen Pflanzungen (MLNRT, a.a.O., S. 5).
100 Hailey, a.a.O., S. 945.
101 Dazu z.B. Wardell, Andrew: Community participation in the conservation and management of natural forest resources. Examples from the East Usambara Mountains, Beitrag für das Coordination Seminar on the TFAP Programme Formulation, September 1990, Dar es Salaam 1990; von Mitzlaff, Ulrike: Managing the catchment forest reserves. Who is to be involved? (A socio-economic study prepared for the Catchment Forestry Project, Forest and Beekeeping Division), Dar es Salaam 1991.
102 Coulson, Andrew: Tanzania. A political economy, Oxford 1982, S. 55f. und S. 147f.
103 TANU (Tanganyika African National Union): Siasa ni kilimo, (Parteiprogramm Landwirtschaft), Iringa 1972.
104 Christiansson, a.a.O., S. 149.
105 Vgl. McHenry, a.a.O.
106 Näheres in von Oppen, Achim: Bauern, Boden und Bäume. Landkonflikte und ihre ökologischen Wirkungen in tanzanischen Dörfern nach Ujamaa, in: Afrika Spectrum, 28, 2, 1993, S. 234f (Dort auch weitere Literaturhinweise).
107 Vgl. Skutsch, Margaret McCall: Why people don't plant trees: The socioeconomic impacts of existing woodfuel programs: Village case studies, Tanzania, Washington D.C. 1983.
108 Kerkhof, Paul: Agroforestry in Africa - a survey of project experience, London 1990; eigene Untersuchungen.
109 Im *Villages and Ujamaa Villages Act* von 1975, der dann 1982 ersetzt wurde vom *Local Government Act*.
110 Siehe Ngware, Suleiman/Haule, Martin: The forgotten level: Village Government in Tanzania, Hamburg 1992.
111 *Local Government (District Authorities) Act* von 1982, Section 26.
112 Ebenda, Section 113, 114 und 142.
113 Ein Versuch vom November 1992, alle Ansprüche unter Customary Law durch den *Regulation of Land Tenure (Established Villages) Act No. 22* in einem parlamentarischen Schnellverfahren abzuschaffen, wurde durch eine Entscheidung des Obersten Gerichtshofes 1993 wieder rückgängig gemacht (siehe Mvungi, Sengondo/Mwakyembe, Harrison: Populism and invented traditions: The new Land Tenure Act of 1992 and its implications on customary land rights in Tanzania, in: Afrika Spectrum, 29, 3, 1994, S. 327-338.
114 *Local Government Act, Sections* 147-154 und 164-167.
115 Diese Beobachtungen habe ich an anderer Stelle näher ausgeführt (v. Oppen, a.a.O.).
116 Z.B. im eingangs erwähnten "Tropenwaldaktionsplan" (MLNRT, a.a.O.).

Podiumsgespräch

Von der "kolonialen Entwicklung" zum "Entwicklungskolonialismus"?

Abdul Sheriff

Let me start by thanking the organizers for inviting me all the way from Tanzania to participate in this seminar, and to thank all the people who have taken the trouble to attend this session.

Before answering the question wether colonialism helped the development of Africa, socially, politically and economically, it may be useful to try to understand the objective in phrasing the question in this way. At best, it could be interpreted as an attempt to establish a balance sheet between what was good and what was bad about colonialism. At its worst, it could be an apology for colonialism. In both cases, it requires an historian to adopt a moral position; but on what ground is this moral position based? What I will try to do is to offer an analysis of the most significant consequences of colonialism. If people want to place these points in a balance sheet, they may do so, but at their own peril.

I should start by declaring my position on the question of colonialism of the late nineteenth century. It is not a moral position, but one based on Hobson's and Lenin's analysis, which we do not need to go into at this time. According to this analysis, colonialism was a stage in the development of capitalism as a world system. It involved the establishment of monopoly control over another territory to exploit its natural and human resources for the benefit of the metropolitan countries in Europe. This was the primary objective of the industrial capitalist class which was then dominant in Europe.

But no society is homogeneous with a single mind or purpose, not least the socially divided capitalist society. In Europe in the second half of the nineteenth century, there where many other classes and interest groups which had their own agendas and interests. Some of these groups jumped onto the colonial bandwagon to achieve their own ends. Christian missionaries did not go to Tanganyika to exploit but to convert; they were hoping to use colonialism to spread Christianity. You will remember the famous slogan of Dr. Livingstone, "Commerce and Christianity", when he launched the Universities' Mission to Central Africa in the 1850s. His successors harnessed Christianity to the colonial chariot. One should not be surprised if colonialism in turn used Christian missionaries to achieve its ends.

All these classes or interest groups set out to achieve their own objectives. Some wanted cash grops; others wanted Christians. However, in doing so, they were unwittingly interfering with the pre-existing social systems about which they often knew very little. They imposed their specific demands or moral values on African economic and ideological systems, which inevitably unleashed social forces and brought about social transformations which they may not have foreseen or desired. Those who want to establish a colonial balance sheet will have to take all this into consideration. Let us now look at some of the specific consequences of colonialism.

One of the obvious consequences of colonialism was political unification. Precolonial Tanganyika was divided into more than 100 autonomous social formations. However, we must not forget the fact that during the nineteenth century economic unification of a large part of eastern Africa had begun to emerge, centred on Zanzibar. The first act of the German and British colonialists was to dismantle the Zanzibari commercial empire during the Partition of Africa, and then begin to construct new colonial entities.

There are some who value wider unities for their own sakes, who would consider unification brought about by colonialism as a positive contribution of colonialism. But questions can be asked as to how those unities were achieved, and what purposes they served. In the case of colonial unification, it is clear that it was brought about by force of arms, sometimes with enormous casualties, and not through consent of the people concerned. Even if unification were desirable, surely the end cannot justify the means.

Even in the case of the more recent post-colonial unification of Tanganyika and Zanzibar in 1964, it came about at the behest of only two presidents, without democratic consultation with the people in an age when the dominant demand was the democratic right of self-determination. For the past thirty years the people from both sides have been squabbling over the Union endlessly, leading to summary dismissal of leaders from the smaller partner for demanding to retain their autonomy. This has been diverting attention from the more essential task of economic reconstruction.

Colonial unification also involved economic unification through the construction of roads and railways, and creating a unified market. Even Marx thought this was one of the positive aspects of British colonialism in India. He argued that by uniting the small pre-colonial economies in India and creating one large internal market, colonialism had done an essential spadework for the development of capitalism, and therefore eventually for socialism.

But this economic unification was accompanied by distortion of the economic structure. The colonies were externally integrated into the world capitalist system over which they could have no control. It used India as a source of raw materials and a vast market for the Manchester textile industry at the expense of local textiles which were wiped out. This hindered the development of indigenous capitalism. The same has happened to varying degrees in Africa. These distorted economic structures continue to this day, with the World Bank and the International Money Found standing guard to ensure that they continue to produce more and more coffee even while its price is declining.

Colonialism also brought about social unification through movements of peoples to the plantations and the towns. One of the by-products was the even wider spread of Kiswahili which has now been adopted as a national language in Tanzania. But social change under colonialism extended well beyond this. To staff the lower rungs of the colonial administration, the colonial state, with the help of the missionaries, introduced a new education system. The colonizers and many of the missionaries believed that there was not much that could be salvaged from the pre-colonial education system on which to construct a new system. They introduced an education system fit for the "natives", borrowing from the education system developed for the Black Americans in the post-emancipation period, to create obedient and useful functionaries.

The new education system created a rupture in the colonial societies between generations. This elite was not organically connected with the mass of the population. There was intense competition for the limited number of places on the narrow educational pyramid, and the minuteness of the new elite tended to exaggerate its elitist tendencies. Thus colonialism created a disjointed society. The elite, instead of being a vanguard for social change and development, enjoying the confidence of the people, was alienated. It is often pejoratively described as the "Wasomi" (learned, but in a bookish way), and can easily be divided from the masses by populist politicans.

Finally, the colonialists created a centralised colonial state to administer the whole territory. The 100 or so social formations in Tanganyika that were united by the colonialism were previously ruled by a variety of political systems from the most democratic in the classless societies in which the people had a genuine say in the affairs of their societies, to the most despotic in the centralised kingdoms. As home-grown entities, they enjoyed to a varying degree legitimacy in the eyes of their subjects. On the other hand, the new colonial rulers did not enjoy that legitimacy, and yet they were embarking on far-reaching transformation of these societies. The only way they could bring about political unification was to establish a highly autocratic commandist state that did not rest on the consent of the ruled. Some of the older Tanganyikans still remember, and to some extent respect, the Germans who established their rule with an iron hand. In what would be considered a sexist language, they say the Germans were "men", as opposed to the softer and more indecisive British in Tanganyika after the First World War.

In the struggle for independence, the colonized people developed nationalist movements that were in many cases truly popular, enjoying the support of the people. In the case of Tanganyika one can even say that TANU was then quite democratic. However, at independence they inherited a state structure that was difficult to dismantle. As social differentiation engendered by colonialism hardened in the post-colonial period and social tension increased, it became more convenient to elaborate on that state's undemocratic aspects to increase the power of the new post-colonial state. They retained all the repressive colonial laws, and even added the infamous Preventive Detention Act. One of the popular demands in Tanzania now is to abolish these so-called "Forty Repressive Laws". In many of these former colonies they went on to establish a one-party state, arguing that young states in a hurry to develop their societies could not afford the "luxury" of internal differences. In a sense they were merely recreating the monopoly control enjoyed by the colonial state which, in this sense, was a one-party state.

This, then, is part of our colonial heritage. It is difficult to disentangle these historical processes to place the different sides of the various coins on a colonial balance sheet. If political unification is considered a positive contribution of colonialism, it is difficult to divorce it from the autocratic commandist state that it gave rise to. If the creation of a larger unified market is considered favourable to economic development, the integration of that market into the capitalist world economy (in which they served as producers of raw materials and consumers of imported manufactured goods) was a concurrent process. What is more useful in analysing the consequences of colonialism is the extent to which they can explain the difficulties faced by the former colonies in developing their economies and organizing their societies on democratic lines.

Rolf Hofmeier

Ich bin zwar kein Historiker, sondern von Ausbildung und Fachorientierung her Ökonom und sozusagen entwicklungspolitischer Praktiker in bezug auf Tanzania, kann mich aber wohl mit gutem Recht als Zeitzeuge bezeichnen. Vor ziemlich genau dreißig Jahren war ich zum ersten Mal dort und dann in den verschiedensten Funktionen an der Universität und im Wirtschafts- und Planungsministerium und später im Bereich der deutschen Entwicklungspolitik tätig. Insofern glaube ich, daß ich eine ganz gute persönliche Vergleichsmöglichkeit auch für die verschiedenen Phasen der tanzanischen Entwicklung seit der Unabhängigkeit habe.

Zum Problem Kolonialismus und Entwicklung. Vielleicht nur einige ganz kurze Bemerkungen aus meiner Sicht, weil es sich hier um ein altes Thema handelt, mit dem ich in bezug auf Tanzania angefangen habe, mich wissenschaftlich zu betätigen. Herr Scheriff sprach eben über das Thema des ökonomischen Zusammenhalts des Landes, das ja durch den Kolonialismus in dieser Form überhaupt erst enstanden ist. Wenn man Tanzania mit einigen anderen afrikanischen Ländern vergleicht, wo ja heute so viel die Rede ist von Staatszerfall und daß die durch den Kolonialismus geschaffenen Staaten teilweise nicht mehr in den traditionellen Einheiten zusammenhalten, so fragen sich viele Leute "Warum ist denn Tanzania so stabil und hat so eine politische Kontinuität?". Bei genauer Betrachtung kommen die meisten Beobachter eigentlich auf zwei Punkte: Einmal die Sprachpolitik, denn schon seit der frühen Kolonialzeit ist Swahili doch als nationale Sprache verbreitet. Das ist mit Sicherheit in den ganzen letzten Jahren ein wesentlicher Faktor gewesen.

Ein anderer Punkt, der mich persönlich schon immer interessiert hat, sind die Auswirkungen der Verkehrsinfrastruktur. Es ist sicherlich richtig, daß von der Intention her dies alles ausgerichtet war auf die Weltmarktorientierung. Es ist aber auch ein Faktum, daß das, was in den frühen Jahren an moderner Infrastruktur - damals vor allen Dingen in bezug auf Eisenbahnen und dann später in bezug auf Straßen - geschaffen wurde, weitgehend die wirtschaftliche Struktur des Landes in bezug auf mehr und relativ weniger entwickelte Regionen des Landes entscheidend geprägt hat und daß dies damals schon determiniert worden ist und auch bis heute ganz entscheidende Auswirkungen hat. Ganz pauschal kann man sagen, daß zumindest in der deutschen Kolonialzeit, also der Zeit bis zum ersten Weltkrieg, eine ganze Menge getan wurde in bezug auf die Schaffung von Grundlagen der Verkehrsinfrastruktur. Das soll jetzt überhaupt keine Apologetik dahingehend sein, daß etwa eine besonders positive Motivation damals damit verbunden war. Dennoch ist es aber eine Tatsache, daß damals Grundlagen geschaffen worden sind, die auch für spätere Jahrzehnte eine ganz wichtige Wirkung ausgeübt haben. Man kann dies ruhig einmal vergleichen mit der Logik von modernen Entwicklungsprojekten, bei denen heute im Rahmen der sogenannten finanziellen Zusammenarbeit große Kapitalhilfeprojekte durchgeführt werden. Da werden aufwendigste sogenannte Kosten-Nutzen-Analysen gemacht und es wird versucht auszurechnen, was man denn aus einer potentiellen Verkehrsinvestition für volkswirtschaftliche Vorteile ziehen kann. Wenn diese Art von Überlegungen schon damals in der

Kolonialzeit vorgenommen worden wären, dann wäre mit Sicherheit unter damaligen Voraussetzungen nie eine Eisenbahn gebaut worden. Man sollte sich einmal damit beschäftigen, wie damals langfristig gedacht und geplant wurde, sicher immer aus der kolonialen Motivation heraus und mit Sicherheit nicht aus einer Entwicklungsmotivation für die afrikanische Bevölkerung heraus. Aber es wurde immerhin ausgesprochen langfristig gedacht, und dies wurde ja dann abgebrochen durch den ersten Weltkrieg. Wenn man sodann ganz pauschal und natürlich verkürzt damit die nachfolgende britische Kolonialperiode zwischen den beiden Weltkriegen vergleicht, so wurde aus den verschiedensten politischen Gründen über die Unsicherheit des Mandatsgebiets relativ wenig getan. Erst in der Phase nach dem zweiten Weltkrieg gab es so etwas wie längerfristig orientierte Entwicklungsprojekte der britischen Kolonialverwaltung, aber auch ohne besonders großes Engagement, jedenfalls im Vergleich zu anderen Kolonialgebieten in Afrika.

Ein anderer wichtiger Punkt ist die Frage nach der Entwicklung, worunter auch die externe Entwicklungshilfe nach der Unabhängigkeit einbezogen werden kann. Interessant ist es doch vor allem, der Frage nachzugehen, wie weit die Entwicklungshilfe auf dem aufbaute, was in der Kolonialzeit entstanden war. Unumstritten ist, daß im Jahr 1961 zur Unabhängigkeit von der ursprünglich tanganyikanischen und dann später tanzanischen Regierung auf dem aufgebaut werden mußte, was an Hinterlassenschaft aus der Kolonialzeit vorhanden war. Damals in den ersten Jahren der Entwicklungshilfe - nicht nur von deutscher Seite, sondern generell international - war das einfach so im damaligen Denken der frühen sechziger Jahre. Es wurde zunächst einmal alles verbunden mit der Frage von Kapitalzufluß, Investitionen, Aufbau der Infrastruktur und Aufbau der sozialen Sektoren. Man meinte, wenn man diese ganzen Bereiche sozusagen von außen stärken könnte, vor allen Dingen durch Ausbildung einerseits und durch Kapitalzufluß andererseits, dann würde schon eine eigenständige Entwicklung in Gang kommen. Es gab einfach in den damaligen Jahren noch kein Verständnis für das, was dann erst später immer deutlicher wurde, nämlich daß es vor allen Dingen eben auch um gesellschaftliche Fragen geht, um die Herausbildung von Gesellschaftsformationen, um soziokulturelle Entwicklungsprobleme und, wenn man so will, letzten Endes auch um politische Fragen. Es gab da natürlich ganz enge Verbindungen zwischen dem, was nach der Unabhängigkeit geschah, und den überkommenen gesellschaftlichen Formationen und Prägungen, die in der Kolonialzeit entstanden waren.

Ich möchte nun auf die Entwicklungshilfe speziell von deutscher Seite gegenüber Tanzania zu sprechen kommen und versuchen, dann auch auf Charakterisierungen der westdeutschen Entwicklungshilfe und auch der der damaligen DDR einzugehen. Soweit es die westdeutsche Seite betrifft, ist noch einmal zu betonen, daß Tanganyika 1961 unabhängig wurde; im selben Jahr wurde auch bei uns das Bundesministerium für wirtschaftliche Zusammenarbeit (BMZ) gegründet, womit praktisch die deutsche Entwicklungshilfe begann. In den allerersten frühen sechziger Jahren gab es sicherlich so etwas wie eine relativ vage, nie ganz spezifisch ausgesprochene Kolonialnostalgie insofern, als man sagte "Wenn man schon neu anfängt mit solchen Sachen, dann bieten sich doch die ehemaligen deutschen Kolonien an". Das waren also Tanganyika, Kamerun, Togo und das heutige Namibia. Das war die Meinung einiger Leute in der ersten Phase, als Walter Scheel Bundesminister war. Ich denke indes, man sollte die kolonialen Neigungen auch nicht überbewerten. Dann waren natürlich die Jahre von 1964-1966 von Belang. Dies hing zusammen mit der Revolution auf Zanzibar, und daß damals im Rahmen der berühmten Hallstein-Doktrin es eine sehr spannungsreiche Konfliktsituation gab. Die DDR war nämlich von Zanzibar anerkannt worden und dann kam die Vereinigung von Zanzibar mit Tanganyika zu der Vereinigten Republik Tanzania. Es wurde von der Bonner Seite Druck auf den neuen Staat ausgeübt, daß keine volle diplomatische Anerkennung der DDR erfolgen sollte. Zu jener Zeit gab es sogar eine kleine militärische Hilfe der Luftwaffe von westdeutscher Seite, woran sich heute wohl kaum jemand noch erinnern kann; das Projekt wurde dann auch ziemlich schnell abgebrochen. Die Entwicklungsexperten und auch die DED-Freiwilligen saßen auf gepackten Koffern. Es sah eine Zeitlang so aus, als würde Nyerere aus einer aus seiner Sicht völlig verständlichen Verärgerung über diese deutschen Querelen überhaupt jede intensivere Beziehung auch zur Bundesrepublik abbrechen. Das wurde dann doch nicht ganz so heiß gegessen; es kam zu keinem totalen Bruch. Vor allem lag das dann auch daran, daß sich in Bonn die politischen Verhältnisse durch die große Koalition änderten und dann vor allem ab 1967 unter Erhard Eppler ein wirklich völliger Neubeginn der entwicklungspolitischen Zusammenarbeit begann. Dies war eine Phase einer wirklich starken Intensivierung der Zusammenarbeit zwischen der westdeutschen Seite und Tanzania. Es ist bekannt gewesen - und zum Teil kann man das auf einer sehr persönlichen Ebene festmachen -, daß es zwischen Eppler als einem Vertreter einer doch aufgeklärten Entwicklungsorientierung und Nyerere eine gewisse Affinität gab. Insofern wurde dann in dieser Phase Tanzania relativ schnell zu einem Schwerpunktland der westdeutschen Entwicklungshilfe. Ich denke, man sollte wirklich den Punkt hierauf legen und nicht vorrangig auf - wie das manchmal gesagt wird - die alte koloniale Vergangenheit. Soweit ich das jedenfalls beurteilen kann und selbst erlebt habe, standen die kolonialen Traditionen nie wirklich so sehr im Vordergrund. 1967 war ja dann auch das Jahr des Beginns der sozialistischen Phase in Tanzania, die dann unter dem Begriff Ujamaa zusammengefaßt wurde. In den darauffolgenden Jahren gab es von deutscher Seite eine ziemlich massive Unterstützung der tanzanischen Politik.

In der faktischen Entwicklungszusammenarbeit, soweit sich mir das damals darstellte, spielte die DDR in bezug auf wirklich signifikante Projektarbeit und Programme keine große Rolle, aber sie war natürlich präsent in bezug auf Parteibeziehungen und Unterstützung der Befreiungsbewegungen, speziell der FRELIMO, die damals noch ihr Hauptquartier in Dar-es-Salaam hatte. Außerdem wurde die DDR in den staatlichen Medien und in der Politik in Tanzania durchaus positiv wahrgenommen, weil ja die TANU und dann später die CCM, also die Einheitspartei, ein sozialistisches Selbstverständnis hatte und von daher es sich natürlich anbot, vor allem auf der Parteischiene eine Verbindung zur DDR herzustellen. Wie gesagt, auf der Ebene der praktischen Projektarbeit war das aber nicht so sehr relevant, denn Tanzania gehörte ja auch nachher in der späteren Phase sicherlich nicht zu den Schwerpunktländern der DDR.

Tanzania galt zumindest bis Ende der siebziger Jahre bei uns in Bonn, aber ich denke selbst bei der Weltbank und in den meisten westlichen Geberländern, vor allem auch in Skandinavien, als positives Beispiel eines blockfreien, sozialreformerisch orientierten Landes und erhielt deshalb sehr viel Unterstützung. Das wurde dann schon etwas weniger in der zweiten Hälfte der siebziger Jahre, obwohl damals in Bonn ja immer noch eine sozialdemokratische Regierung am Ruder war. Die Nachfolger von Eppler hatten indes schon wesentlich weniger offenes Engagement für Tanzania übrig. Die Haltung gegenüber dem gesamten Ujamaa-Kurs wurde nun natürlich etwas kritischer in dem Maße, wie autoritäre Maßnahmen (ich erwähne da nur die Zwangsumsiedlungen in neue Dörfer in der Mitte der siebziger Jahre) die Innenpolitik Tanzanias in wachsendem Maße bestimmten. Es wurde auch immer deutlicher, daß die ganze Ujamaa-Politik, so idealistisch und schön sie konzeptionell angelegt war, ökonomisch doch zu keinem großen Erfolg führte. Vielleicht ist dann noch der Hinweis wichtig, daß Tanzania nach der Wende 1982 bei uns in Bonn nochmal einen besonderen Symbolwert errungen hat, praktisch als Gegenreaktion zu der positiven Überbetonung in der Phase von Eppler. Dies geschah, nachdem die CSU mit Jürgen Warnke das BMZ übernommen hatte. Sie reagierte meiner Meinung nach weit überzogen, indem sie nun quasi Tanzania dafür bestrafte, daß es jahrelang ein Lieblingskind von Eppler gewesen war. Man sagte also "Dieses Land braucht überhaupt keine längere Unterstützung" und "Die sind immer noch auf ihrem sozialistischen Dampfer und das darf man nicht unterstützen". Diese Haltung hat sich noch ziemlich lange hingezogen. Ich würde sagen, neben Nicaragua war damals Tanzania ein Paradebeispiel, an dem einfach die Gegenreaktion exemplifiziert werden sollte. Das ist heute längst nicht mehr so stark, aber etwas unterschwellig spüre ich das eigentlich immer noch. Vor einigen Wochen fanden Vorgespräche in Bonn über die nächste Runde der Regierungsverhandlungen mit Tanzania statt; es sollen die Zusagen für Tanzania reduziert werden gegenüber dem, was bisher üblich war. Dabei denke ich, wenn man heute Tanzania im Vergleich zu anderen afrikanischen Ländern sieht, sowohl im Hinblick auf Demokratisierung und politische Entwicklung wie auch im Hinblick auf Wirtschaftsreform, daß es eigentlich keinen überzeugenden Grund dafür gibt, die Entwicklungshilfe für Tanzania zurückzufahren. Da steckt also zumindest auf den höheren Ebenen der BMZ-Politik immer noch so etwas wie Vorurteile im Hinterkopf.

Dann möchte ich noch einiges zu dem dritten Punkt sagen: Wie weit gibt es Entwicklungskolonialismus? Das heißt, wie weit sind die Entwicklungskonzepte entweder in der Ujamaa-Phase oder auch heute unter dem Vorzeichen der Strukturanpassung wirklich von innen heraus getragen oder von außen aufgezwungen im Sinne eines Kolonialismus? Ich möchte hierzu nur thesenartig ein paar Worte sagen. Ich denke, die ganze Ujamaa-Politik von Nyerere war sicherlich der Versuch eines eigenständigen Entwicklungsweges; sie wurde jahrelang mehr von äußeren Beobachtern als von Tanzaniern selbst auch als Modellfall für ganz Afrika angesehen. Mindestens bis Mitte der siebziger Jahre wurde dieser Entwicklungsweg massiv auch von außen unterstützt, auch von der von vielen Seiten so häufig gescholtenen Weltbank. In den Jahren unter McNamara hat die Weltbank durchaus den Kurs von Nyerere bis in die Mitte der siebziger Jahre hinein zwar nicht voll, aber immerhin doch ganz kräftig unterstützt. Letzten Endes ist dieses Ujamaa-Konzept dann an ökonomischen Unzulänglichkeiten gescheitert; dies wurde ab Mitte der siebziger Jahre, massiv ab Anfang der achtziger Jahre, immer deutlicher. Ein zentraler Widerspruch war von Anfang an vorhanden, nämlich, daß ja ein zentraler Punkt von Nyereres Konzept das Prinzip der "self-reliance" war. Das solte bedeuten, sich auf die eigenen Beine zu stellen, das Land aus sich selbst heraus zu entwickeln. Es war aber geradezu eine Ironie der Entwicklung, daß - auch in den Jahren unter Nyerere selbst - im Grunde die Abhängigkeit von der Entwicklungshilfe von Jahr zu Jahr zugenommen hat. Das heißt, daß diese zentrale Forderung der "self-reliance" - die sich als Slogan so gut anhörte und weswegen ja Nyerere überall auf der Welt als Vordenker angesehen wurde - in der Realität im Grunde nie eingelöst wurde. Vielmehr hat Nyerere auch in den Jahren, als er am Ruder war, eigentlich die Abhängigkeit vom ausländischen Ressourcenzufluß immer größer gemacht. Durch ein Bündel von verschiedenen Einflußfaktoren, auf die ich jetzt hier gar nicht im einzelnen eingehen kann, wurde es ab 1979/80 immer deutlicher, daß Tanzania in eine immer größere wirtschaftliche und damit auch soziale Krise hineinschlitterte, in der die Lebensbedingungen praktisch für die gesamte Bevölkerung immer schwieriger wurden. In dieser Phase wurde der massive Druck des Internationalen Währungsfonds, der Weltbank und anderer Geber immer größer, wirtschaftliche Reformen einzuführen. Das war ein ausgesprochen mühsamer Prozeß, der sich über vier bis fünf Jahre hinzog. Solange Nyerere selbst noch Präsident war, brachte er es einfach nicht über sich, zu einem Arrangement mit den genannten Institutionen zu kommen. Da war sicherlich eine gewisse Sturheit am Werke, aber natürlich auch ein Mangel an Sensibilität auf Seiten der externen Geber. Und die Positionen verhärteten sich auf beiden Seiten massiv. So konnte ein Wandel auch erst mit dem Personalwechsel von Nyerere zu Mwinyi eingeleitet werden. Ab 1986 hat dann das begonnen, was man üblicherweise unter Strukturanpassungspolitik versteht. Das hat eine Menge einzelne Facetten, auf die ich jetzt im Augenblick auch nicht eingehen kann, und es ist ganz unbestritten, daß vieles, was an wirtschaftlichen Reformen in Gang gesetzt wurde, zunächst von außen erzwungen wurde. Tanzania stand damals einfach mit dem Rücken zur Wand. Die Wirtschaftssituation war miserabel, es gab vor allem keine Devisen. Man war also letzten Endes darauf angewiesen, zu einem Arrangement sowohl mit den beiden berühmten Washingtoner Institutionen wie auch mit den anderen Gebern zu kommen. Selbst die bis dahin besonders gutwilligen Skandinavier hatten dann auch zu Anfang der achtziger Jahre ganz klar wissen lassen, daß sie ihre Hilfe reduzieren würden.

Es kam also ab 1986 zu einer Vielzahl von Veränderungen, zu einer Liberalisierung im wirtschaftspolitischen Bereich, dann auch später zu einer Öffnung des Einparteisystems zu einem Mehrparteiensystem. Für mich ist unbestritten, daß hierzu äußerer Druck in erheblichem Maße beigetragen hat. Aber in den letzten Jahren haben natürlich mehr und mehr der Entscheidungsträger in Tanzania die Fehler der Vergangenheit eingesehen und sie arbeiten nun selbst daran, daß wirtschaftspolitische Kursveränderungen vorgenommen werden. Manchmal hat man aber in den letzten Jahren eher den Eindruck, daß die heutige Regierung im Grunde keine eigenen Konzepte entwickelt, sondern im Grunde weitermacht mit diesem Entwicklungshilfesyndrom, weil sie sich so daran gewöhnt hat. Sie scheint auch bereit zu sein, sich auf alles das an Konzepten, an wirtschaftspolitischen Vorstellungen einzulassen, was im Augenblick die übliche Lehrmeinung darstellt, die eben aus Washington kommt und mit dem Stichwort Strukturanpassung verbunden ist. Ich denke, dies ist eigentlich auch heute immer noch der kritische Punkt, wenn man jetzt mal ganz aktuell die Situation betrachtet, daß dieses Entwicklungshilfesyndrom immer noch relativ ungebrochen vorhanden ist. Tanzania ist immer noch eines der am stärksten von Entwicklungshilfe abhängigen Länder, und viele Leute bei Entwicklungshilfeinstitutionen - sei es in Bonn oder in Frankfurt oder sonstwo - fragen sich, wie kommt es eigentlich, daß Tanzania heute immer noch zu den allerärmsten Ländern der Welt gehört. Wenn man sich die üblichen Weltbankzahlen ansieht, dann steht Tanzania an drittletzter Stelle, gerade knapp vor Äthiopien und Mozambique, obwohl das Land eben über Jahrzehnte hinweg im innerafrikanischen Vergleich sicherlich sehr großzügig mit Entwicklungshilfe bedacht worden ist. Warum, so ist doch zu fragen, ist dabei so wenig rausgekommen? Viele Leute sagen, Tanzania ist "over-aided", die haben sich viel zu sehr daran gewöhnt, dauernd Hilfe von allen Seiten zu kriegen, und die Effekte sind letzten Endes verpufft. Und das ist eben auch so ein bißchen die heutige Einschätzung in Bonn. Das konkrete Dilemma ist eigentlich, nachdem bisher offensichtlich relativ wenig aus diesen doch massiven Ressourcenzuflüssen rausgekommen ist, ob es nicht eventuell sinnvoll wäre - auch aus einem sozusagen pädagogisch-erzieherischen Ansatz heraus, - die Entwicklungshilfe zu reduzieren, obwohl natürlich weiter ein völlig unbestritten riesiger Bedarf in allen Bereichen vorhanden ist: vor allem in den sozialen Bereichen, in der Infrastruktur usw.. Wenn man die Hilfe aber nicht reduzieren will, müßte auf der anderen Seite die Alternative stehen, nicht einfach unbesehen weiterzumachen, sondern mit einer Hilfe, die ganz klar wirtschaftspolitische und sozialpolitische Reformen in ganz bestimmten Richtungen unterstützt. Und das ist letzten Endes das Dilemma, vor dem Entscheidungsträger zum Beispiel in Bonn im Bundesministerium für Wirtschaftliche Zusammenarbeit stehen.

Gaudens Mpangala

Since this is my first time to speak in front here, let me thank the organizers for inviting me to participate in this conference. Although Dr. Hofmeier seems to have exhausted almost everything in his statement, I would like to concentrate for a few minutes on a point which I find particularly important.

In 1991, a series of interviews have been conducted among Tanzanian peasants which were summarized in a recent report. The answers revealed that, under current circumstances, peasants saw their condition as one which does not allow them to improve their situation and where they continue to be exploited. Among those who exploit them, they clearly identified those who belong to the political leadership and to the government. Those peasants who know the international situation - and most of them are well aware of political matters - also know that they are being exploited by the international community as well. Are those peasants, who complained in this way, still the same as those who supported so strongly the Government after Independence? Are they the same as those who marched for miles and miles to support the "Arusha Declaration" of 1968 on Ujamaa and "self-reliance"? The old question whether Ujamaa is an indigenous African concept or imposed from outside is obviously besides the point. The real issue is: Why did it get so much support at the time? The Arusha Declaration and the Ujamaa policy, at least for its contents, did in fact receive great support by workers, peasants and civil servants. But now most of them say: "We cannot remain under the same political system. There must be a lot of changes including a change in leadership. We need new leaders who are committed to our progress." Obviously, the expectations of the masses of Tanzania, which they had when the Arusha Declaration was declared, have been lost after many years of Ujamaa. The major question today is: Why did this happen, what has gone wrong?

Now my view as a historian. I see the Arusha Declaration from two angles. In one way it was a policy to promote socialism, but in another respect, it was a nationalist ideology. The nationalist ideology began with the struggle against colonialism. After independence, it continued as a struggle against new neo-colonialism, a struggle of the ruling class mobilising the people against external forces controlling their economy. This is the core idea of the Ujamaa concept, an attempt to mobilise the people through their indigenous ideology of communal self-reliance. The big problem, as I see it, is the way how the Arusha Declaration has been implemented. As some of my collegues here have already emphasized, the implementation of Tanzanian socialism was not accompanied by democratization. Everything has been imposed from above. Control by the state was very dominant, and genuine participation of the people in the development of a self-reliant economy was very low on the agenda. Take, for instance, the high level of control of the co-operatives and trade unions. There was a definite lack of development of a civil society which could have facilitated a process of democratisation, a real control of the economy from within. As a result, neo-colonial forces have grown even stronger in Tanzania! They now control the economy to an even greater extent than before, contrary to the intentions of the Arusha Declaration who tried to reduce neo-colonial dependency.

So the question now is: How can the people be mobilized again? Nowadays, many call for multiparty systems and democratisation in Africa. Democratisation is the only solution, because strong state control has not succeeded in improving the economies of Africa. But what do we mean by democratisation? There are many demands for liberal democracy which are expressed in multipartism. But the peasants say that multipartism can be a multiplication of the peasants' exploiters. The democratisation which is necessary should go beyond multipartism. One should listen to the popular scepticism just mentioned. We need a committed leadership that is in alliance with the people and that will make the people participate in the economy, in a democratic way, so that ultimately we can achieve control of our economy.

Christian Mersmann

Zunächst möchte ich mich kurz vorstellen: Ich arbeite in der Forstabteilung der GTZ, der Deutschen Gesellschaft für Technische Zusammenarbeit in Eschborn. Ich beschäftige mich dort hauptsächlich mit internationalen und nationalen Tropenwaldprogrammen und Landnutzungsplanung, endogenen Entwicklungsvorstellungen und der partizipativen Umsetzung von Programmen und Projekten der Entwicklungszusammenarbeit. Im Hinblick auf die heutige Fragestellung: Von der kolonialen Entwicklung zum Entwicklungskolonialismus? geht es mir hauptsächlich um die Frage, an welcher Stelle die deutsche Entwicklungshilfe im Bereich der Nutzung der natürlichen Ressourcen wie Boden, Wasser und Vegetation sowie im sozio-ökonomischen Bereich in Zukunft anknüpfen könnte.

Vielen von Ihnen ist sicherlich die Publikation "Politische Ökologie der Usambara-Berge" von Kurt Egger und Bernd Gläser bekannt. In diesem Klassiker des standortgerechten Landbaus wird nicht nur an den autochthonen Traditionen der landwirtschaftlich- forstlichen Techniken und der traditionellen bäuerlichen Betriebssysteme angeknüpft, sondern es wird auch angeknüpft an einem Landnutzungssystem, das von der britischen Kolonial-verwaltung entwickelt worden ist. Wir kennen die technischen Einzelheiten des kolonialen *Mlalo-Rehabilitation-Scheme*, das später in das *Usambara-Rehabilitation-Scheme* ausgeweitet wurde, und wir kennen die negativen, gesellschaftlichen Implikationen des Ansatzes. Die ablehnende Haltung der Bauernschaft gegenüber diesen Landnutzungsprogrammen führte nach der Unabhängigkeit Tansanias zur fast vollständigen Eliminierung der landwirtschaftlich-forstlichen Infrastruktur wie die Terrassierung der Felder, der Forste etc..

In ihrer technischen Dimension orientierten sich diese Anti-Erosions-Programme weitgehend an den ökologischen und topographischen Gegebenheiten der Usambara-Berge, obwohl einige entscheidende Fehler gemacht wurden wie der Import der Gerbrindenakazie, die die Erosion eher noch gefördert hat statt sie zu verhindern. Systematisch gesehen sind die Aufforstungen bzw. der Schutz der Bewaldung der Bergkuppen und die Terrassierung der darunterliegenden landwirtschaftlichen Nutzflächen wesentiche Teile eines Konzeptes, das keineswegs eine koloniale Erfindung war. Ein solches Konzept hat nicht nur in Europa seit Jahrhunderten Anwendung gefunden, sondern ist auch wesentlicher Bestandteil des autochtonen Landnutzungssystems der Shambaa in den Usambara-Bergen Tansanias. Und dieses existierte sehr lange: 200 bis 300 Jahre vor der Kolonialzeit ist es in den Usambara-Bergen entwickelt worden und kann interpretiert werden als eine nachhaltige Integration der Shambaa in die besondere Ökologie der Usambara Berge.

Weitere Elemente des autochthonen, land- und forstwirtschaftlichen Systems der Shambaa wurden für die kolonialen Rehabilitation-Schemes jedoch nicht übernommen. Anders dagegen die "Politische Ökologie der Usambara-Berge", die eine systematische Verbindung von autochthoner, kolonialer und moderner Landwirtschaft versuchte. Der technische Ansatz eines GTZ-Projektes basiert auf diesem Konzept, das in den letzten 10 Jahren wesentlich weiterentwickelt wurde im Sinne einer dörflichen Landnutzungsplanung. Natürlich gibt es viele technische Facetten des autochthonen Systems, die nicht mehr zur Anwendung kommen konnten wie z.b. die breite Vielfalt an Feldfrüchten, Büschen und Bäumen im modernen agroforstlichen System. Das "eherne Prinzip des Örtlichen", d.h. die Wahl der angepaßten Produktionen an den verschiedenen Standorten wurde in den modernen Konzepten nicht immer eingehalten, u.a. weil Marktproduktionen wie Kaffee, Tee und Gemüse ein "orchestriertes Chaos" verhinderten. Mit dem letzteren Begriff ist die im eigentlichen Sinne standortgerechte Imitation der natürlichen Vegetation der Usambara-Berge in vorkolonialer Zeit gemeint, die ein permanent produzierendes Landnutzungssystem der Agroforstwirtschaft entstehen ließ.

Ein Blick auf die Rahmenbedingungen der letzten 100 Jahre, innerhalb derer die bäuerliche Bevölkerung produziert hat und produziert, zeigt, daß die Landnutzungspraxis aus sozio-kulturellen, ökonomischen, demographischen und rechtlichen Gründen einen tiefgreifenden Wandel durchmachen mußte. Es stellt sich aber die Frage, ob die Shambaa in den letzten 30 Jahren seit der Unabhängigkeit in der Lage waren, sich analog zu ihren eigenen, endogenen Entwicklungsvorstellungen mit ihrem Landnutzungskonzept an die jeweiligen Gegebenheiten anzupassen. Die vielfach dokumentierte Marginalisierung der natürlichen Ressourcen und die ständige Verschlechterung der bäuerlichen Versorgungslage lassen dies bezweifeln. Es ist in diesem Zusammenhang interessant, daß bis heute in der Land- und Forstwirtschaft weitgehend mit kolonialer Gesetzgebung gearbeitet wird, die nach der Unabhängigkeit übernommen wurde, aber kaum an die heutige Zeit angepaßt ist.

Es scheint mir in der Diskussion über die Gestaltung der land- und forstwirtschaftlichen Nutzungssysteme und ihre gesellschaftliche Einbettung wichtig, sich über die Frage zu verständigen, welche Führungspersönlichkeiten heute in den Dörfern der Usambara-Berge zur Verfügung stehen. Steven Feierman hat in seinem Buch "*Peasant Intellectuals*" ländliche Intellektuelle beschrieben, die letztendlich zuständig waren für die Entwicklung und kontinuierliche Anpassung eines autochthonen Landnutzungssystems, das die Bauernschaft nachhaltig bewirtschaften ließ und in Einklang stand mit der Gesellschaftsordnung. Es waren meist Mitglieder der Königsfamilie, deren gesellschaftliche Führungsposition systemimmanent war.

Die Akzeptanz dieser "peasant intellectuals" hat es in der Kolonialzeit nicht mehr in dieser Weise gegeben. Der Widerstand gegen die mit den Briten kollaborierenden Mitglieder der Königsfamilie im Rahmen des Systems der "*indirect rule*" hat dazu geführt, daß der immer weiter ausgebaute und fortgesetzte Widerstand gegen die alte Führungselite die großen land- und forstwirtschaftlichen Rehabilitationsprogramme letztlich zum Scheitern brachte. In der heutigen Zeit wird ein zunehmendes Aufbrechen der gesellschaftlichen Strukturen im ländlichen Tansania beobachtet, ein Trend zur Individualisierung, der den notwendigen kollektiven Konsens über die dörfliche Entwicklung verhindert. Führungspersönlichkeiten sind rar geworden, so daß kurzfristig angelegte Entscheidungen der Bauernschaft heute eine größere Rolle spielen als die langfristig angelegte Sicherung ihrer Lebensgrundlagen - das Dorf als soziales Netzwerk und die natürlichen Ressourcen als Kapital.

Zum gegenwärtigen Zeitpunkt kämpft die Bauernschaft mit den Auswirkungen der von den Geberorganisationen verordneten Strukturanpassung, insbesondere in Bezug auf die landwirtschaftliche Produktion. So sinnvoll solche Maßnahmen aus ökonomischer bzw. fiskalpolitischer Sicht auch sein mögen, so dürfen wir für den bäuerlichen Kontext nicht vergessen, daß die Strukturanpassung primär ausgerichtet ist auf die Förderung der landwirtschaftlichen Marktproduktion, also die Produktion von Feldfrüchten für die regionalen und zentralen Märkte. Man wird gerade in den Hochproduktionsgebieten wie den Usambara-Bergen versuchen dafür Sorge zu tragen, daß hier die Strukturanpassung schnell greift.

In Gebieten wie den Usambara-Bergen wird die Politik der landwirtschaftlichen Strukturanpassung relativ rasch zu einem "Bauernsterben" führen, wie wir es in Tansania bisher noch nicht gekannt haben. Während der ärmere Teil der Bauernschaft seine Höfe wird aufgeben und das Land verkaufen oder verpachten müssen, wird den investitionsstärkeren Bauern die Möglichkeit gegeben, eine Flächenausweitung vorzunehmen und sich letztlich auf die geforderte Marktproduktion zu konzentrieren.

Eine solche Entwicklung wird rasch dazu führen, daß die Proletarisierung der Frau stark vorangetrieben wird. Dies geschieht aus zwei Gründen:

1. Die Arbeitskraft der Frau wird zum Nachteil ihrer eigenen, relativ autonomen Subsistenzproduktion in die Marktproduktion des Mannes integriert. Wir kennen das aus der europäischen Landwirtschaft: Die Position der Frau im landwirtschaftlichen Betrieb ist zu meinen Studienzeiten in den siebziger Jahren mit 0,7 AK charakterisiert worden, d.h. lediglich als abhängiger Teil des Arbeitskräftebesatzes eines mittelständischen Betriebes. Obwohl im heutigen Tansania trotz schwindender Anteile der be-

trieblichen Eigenversorgung mit Grundnahrungsmitteln die Subsistenzproduktion noch in weiten Teilen sichergestellt werden kann, gewinnt die Marktproduktion des sogenannten Haushaltsvorstandes ständig an Bedeutung. Die traditionelle, relative ökonomische Unabhängigkeit der Frau durch eine autonome Subsistenzproduktion wird m.E. rasch abnehmen.

2. Viele der männlichen Mitglieder der ärmeren Bauernfamilien verlassen die Dörfer, um in der Stadt zu arbeiten. Felder mit Dauerkulturen wie Kaffee oder Tee werden aber oftmals nicht den Frauen überlassen, sondern an männliche Verwandte verpachtet. Die bestehende Subsistenzproduktion der Frau wird zwar weitergeführt, reicht aber in vielen Fällen für die Versorgung der Familie nicht aus. Es bleibt den zurückbleibenden Frauen oftmals keine andere Alternative als sich bei den Bauern der Nachbarschaft als billige Arbeitskräfte zu verdingen - eine traumatische Erfahrung besonders für ältere Frauen, die aus den "besseren" Familien der Shambaa stammen.

Ich meine, wir können die skizzierten Trends heute deshalb relativ verläßlich voraussagen, weil die gängige Politik der Strukturanpassung letztendlich die Entwicklung Tansanias, zumindest aber die landwirtschaftliche Entwicklung europäisiert. Das heißt, Strukturanpassung macht die afrikanische Entwicklung für uns vorausschaubarer als dies noch vor 20 Jahren der Fall war. Die Parallelen, die sich zwischen der aktuellen landwirtschaftlichen Entwicklung in Tanzania und der landwirtschaftlichen Entwicklung im Europa der fünfziger Jahre finden lassen, sind frappierend. In anderen Worten: Für den Fall, daß die Maßnahmen der Strukturanpassung in vollem Umfang greifen sollten, können wir unter der Annahme einer mangelhaften Industrialisierung die ökonomische und soziale Katastrophe in den ländlichen Gebieten Tansanias bereits jetzt voraussagen.

Ein gewissermaßen positiver Aspekt dieser Entwicklung ist die Möglichkeit, die Technische Zusammenarbeit besser an den Stellen anzusiedeln, an denen wir tatsächlich unterstützend wirken können im Sinne der entwicklungspolitischen Vorgaben wie die Verbesserung der Lage der Ärmsten der Armen und die Erhaltung der natürlichen Ressourcen für zukünftige Generationen. Dafür ist es wichtig zu begreifen, daß heute Rahmenbedingungen gesetzt werden, die so starke Knebel darstellen, daß die lokale Bevölkerung letztlich nichts anderes tun kann als einem ganz bestimmten, exogen determinierten Trend zu folgen. Ich meine, daß durch die Strukturanpassung Konditionalitäten geschaffen werden, die es der bäuerlichen Bevölkerung kaum noch erlauben, frei entscheiden zu können - sowohl auf ihrem eigenen Acker als auch in ihrer Gemeinschaft.

Wenn es in der bäuerlichen Bevölkerung tatsächlich zu dem erwarteten ökonomischen und sozialen Selektionsprozeß kommt, den wir als "Bauernsterben" charakterisieren können, so müssen von der Technischen Zusammenarbeit Programme aufgelegt werden, die die Rahmenbedingungen einigermaßen erträglich gestalten und Härten abpuffern. Als Beispiel mögen die von der Weltbank entworfenen und nie durchgeführten Ansätze der "social dimensions of adjustment" gelten, die die Verelendung der bäuerlichen Bevölkerung und die Landflucht verhindern helfen sollten. Wir müssen darüberhinaus den Versuch machen, uns mit der betroffenen Bevölkerung darüber ins Einvernehmen zu setzen, welche Formen der Kompensation des Nutzungsverzichtes an den natürlichen Ressourcen mittel- und langfristig nötig sein wird, um die Umwelt des ländlichen Raums zu erhalten.

Johannes Triebel

Evangelische Mission in Tanzania im Kontext von Kolonialismus und afrikanischer Tradition

Wenn in dieser Seminarreihe über das gegenwärtige Erscheinungsbild Tanzanias in historischer Perspektive nachgedacht werden soll, ist es berechtigt, ja notwendig auch von der christlichen Missionsarbeit in diesem Land zu sprechen. Denn ich meine, daß das heutige Tanzania gerade auch von der Arbeit christlicher Missionen und Kirchen wesentlich geprägt und gestaltet wurde und ohne eine Reflexion dieser Arbeit nicht verstanden werden kann. Deshalb bin ich Ihnen dankbar, daß dieser Aspekt mit einem eigenen Referat gewürdigt wird.

Ich muß das Thema jedoch etwas eingrenzen und mich auf den evangelischen Bereich, ja auf die Missionen, die von Deutschland ihren Ausgang nahmen, beschränken. D.h. ich blende die Arbeit der katholischen und der anglikanischen Missionen[1] aus und beschränke mich exemplarisch auf die Missionsarbeit, aus der die heutige Evangelische Lutherische Kirche in Tanzania[2] (ELCT) hervorgegangen ist.

Trotzdem möchte ich zu Anfang an ein Jubiläum erinnern, das die anglikanische Kirche in Ostafrika in diesem Jahr begeht und das auch die deutsche Mission betrifft. Vor 150 Jahren, 1844, begann der erste evangelische Missionar mit der Arbeit in Ostfarika, nämlich der aus Württemberg stammende Dr. Johann Krapf, der im Dienst der anglikanischen Church Missionary Society stand. 1837 wurde er nach Äthiopien ausgesandt, um unter dem Volk der Galla zu arbeiten. Auf der Suche nach einem neuen Arbeitsfeld reiste er im Dezember 1843 von Somalia aus mit dem Schiff an der ostafrikanischen Küste entlang nach Zanzibar. Am 3. Januar 1844 landete er erstmals in Mombasa und kam am 7. Januar nach Zanzibar, wo er einige Wochen blieb. Von hieraus unternahm er einige Erkundungsfahrten an die tanzanische Küste. Am 3. Mai ließ er sich schließlich endgültig in Mombasa nieder, um von hieraus mit der Missions arbeit in Ostafrika zu beginnen. Bald stieß Johann Rebmann zu ihm, der 1846 für Europa den Kilimanjaro entdeckte. Beide unternahmen mehrere Erkundungsreisen in das heutige Tanzania und können so auch für dieses Land in gewisser Weise als Pioniermissionare gelten.

Ein anderes Jubiläum macht die Spannung deutlich, in der die Anfänge der Missionarbeit in Tanzania standen. Vor 110 Jahren, 1884, tagte hier in Berlin die sogenannte Kongo-Konferenz, die Afrika unter den Kolonialmächten aufteilte und bei der sich auch das Deutsche Reich in die Kolonialmächte einreihte.

1. Die Vorausetzungen einer Missionsarbeit in Tanzania in Deutschland

Zu dieser Zeit war noch keine deutsche Missionsgesellschaft in dem nun im Entstehen begriffenen Deutsch-Ostafrika (DOA) tätig, obwohl es schon seit vielen Jahrzehnten evangelische Missionsgesellschaften in Deutschland gab. Ich nenne nur die Basler, die Berliner und die Rheinische Mission, dann auch die Leipziger und der Hermannsburger Mission.

Sollten sich nun nicht auch deutsche Missionsgesellschaften in der neuen deutschen Kolonie engagieren oder gar neue Missionsgesellschaften speziell für diese Arbeit gegründet wer den? Diese Fragen wurden auf der Kontinentalen Missionskonferenz in Bremen 1884 lebhaft diskutiert. Die koloniale Forde rung "Deutsche Missionare in deutsche Kolonien" wurde allerdings nur in eingeschränktem Sinn akzeptiert. Denn einerseits wurde klargestellt, daß deutsche Missionen und deutsche Missionare auch weiterhin ungehindert in Ländern arbeiten wollen, die schon bisher unter britischer oder französischer Verwaltung standen. Ein Abbruch bisheriger Arbeit nur auf grund neuer kolonialpolitischer Gegebenheiten war undenkbar. Andererseits wurde mit Nachdruck erklärt: "Wo in unseren deutschen Kolonien schon evangelische Missionare anderer Nationen thätig sind, da werden wir uns natürlich in keiner Weise in ihre Arbeit einzudrängen noch dieselbe in ihrer Ausbreitung zu hindern suchen."[3] Das galt in Ostafrika vor allem für die Anglikaner. "Überall dagegen, wo noch keine Missionen sind ..., erkennen wir es als unsere Aufgabe, so bald wie möglich Missionare hinzusenden."[4] Dazu sollten allerdings keine neuen Missionsgesellschaften gegründet, sondern die alten gedrängt werden, jetzt auch in Deutsch-Ostafrika mit der Arbeit zu beginnen. Man wollte bewußt keine Kolonialmissionen, sondern die bisherigen Erfahrungen der bestehenden Missionsgesellschaften auch den in neuen Gebieten fruchtbar machen. Denn zu dieser Zeit unterhielten acht deutsche Missionsgesellschaften über 300 Stationen in Übersee mit über 500 Missionaren, die etwa 160.000 einheimische Christen betreuten.[5]

Aber die Missionsgesellschaften, die aufgefordert wurden, in DOA mit der Arbeit zu beginnen, die Berliner, Herrnhuter und Leipziger Mission, lehnten das Ansinnen ab, da sie sich zur Übernahme neuer Aufgaben aus finanziellen und personellen Gründen nicht in der Lage sahen. Erst später änderte sich ihre diesbezügliche Haltung.

1.1. Neue Missionsgesellschaften: Hersbruck und Berlin III

Schon im Umfeld der erwähnten Kontinentalen Missionkonferenz 1884 in Bremen zeichnete sich ab, daß mit der Gründung neuer Missionsgesellschaften für die Arbeit in Deutsch-Ostafrika zu rechnen war. Da ist zunächst die Hersbrucker Mission zu nennen. Aus Enttäuschung darüber, daß die Leipziger Mission sich nicht in der Lage sah, eine neue Arbeit in Afrika aufzunehmen, fühlte sich Pfarrer Ittamaier im fränkische Hersbruck bei Nürnberg genötigt, eine eigene Mission zu gründen, die durch die Reiseberichte Johann Krapfs inspiriert unter den Wakamba im Grenzgebiet des heutigen Kenya und Tanzania arbeiten sollten. Als das gewählte Arbeitsgebiet nach der endgültigen Festlegung der Kolonialgrenzen dann in der britischen und nicht in der deutschen Kolonie lag, war dies zwar enttäuschend, aber kein Grund, die Arbeit abzubrechen. Wegen verschiedener Fehlschläge und Mißerfolge wurde die Arbeit jedoch bereits 1892 an die Leipziger Mission übergeben, die gerade beschlossen hatte, in Nordtanzania die Arbeit aufzunehmen.

Anlaß dieser Missionsgründung war also weniger eine koloniale Begeisterung, diese kam später als weitere Triebkraft hinzu, sondern die Inspiration durch Krapf und der Wunsch, die Arbeit dieses Deutschen durch eine deutsche Mission fortzuführen.

Anders steht es bei der Evangelischen Missionsgesellschaft für DOA, die 1885/86 in Berlin gegründet wurde und unter der Bezeichnung Berlin III (neben der alten Berliner Mission und der Gossner-Mission) in die Geschichte eingegangen ist. Hier haben wir es eindeutig mit einer Kolonialmission zu tun, deren Gründung auf die Kolonialbegeisterung kirchlicher Kreise in Berlin zurückzuführen ist.

Ein Aufruf von 1885 macht die doppelte Zielsezung dieser Mission deutlich: "Bitte an die ev. Christen Deutschlands! Afrika ist erschlossen. Ein großer Theil des schwarzen Erdtheils ist in den Besitz deutscher Gesellschaften gekommen. Expeditionen reihen sich an Expeditionen, da ist es unsere heilige Pflicht, den Brüdern, die dort draußen Pionierdienste thun, mit dem Worte Gottes nachzugehen. Es besteht zunächst die Absicht, den Deutschen in Ostafrika einen Prediger des Evangeliums nachzusenden, der zugleich seine Wirksamkeit auf die eingeborenen Heiden ausdehnen könnte. - Wer hilft, die erste deutsche evangelische Kirche in Ostafrika erbauen und die ersten deutschen evangelischen Prediger dorthin entsenden? Zwei Kreuze zieren die Fahnen der ostafrikanischen Gesellschaft - helft uns dort, wo sie weht, dem Wort vom Kreuz, Steg und Stätte zu bereiten."[6] Die daraus entstandene Mission segelte also ganz im Fahrwasser des Kolonialismus und sah ihre erste Aufgabe, ähnlich wie es bei deutschen Auswanderern in die beiden Amerika der Fall war, in der geistlichen Betreuung der Kolonialpioniere und -beamten. Erst in zweiter Linie kam die Arbeit unter der einheimischen Bevölkerung in den Blick. Bezeichnender Weise war der berüchtigte Dr. Carl Peters, der "Kolonisator" Ostafrikas, anfangs Mitglied im Vorstand dieser Mission. Gerade auf seiten der alten Missionsgesellschaften gab es heftige Kritik an der Neugründung und ihrer Zielsetzung. Die Betonung des Deutsch-Nationalen, das im Gegensatz zum universalen Gottesreich stehe, wurde ebenso angegriffen wie die Vermischung von Politik und Mission.[7]

Dennoch wurde 1887 der erste Missionar dieser Missionsgesellschaft entsandt, Johann Jacob Greiner, der am 2. Juli 1887 über Zanzibar kommend in Dar es Salaam eintraf. Bei der eben angedeuteten Vorgeschichte ist es schon beachtlich, daß die Ost- und Küstendiözese der ELCT dieses Datum als Beginn der Evangeliumsverkündigung in ihrem Gebiet betrachtet und dementsprechend 1987 ihr 100jähriges Jubiläum begangen hat.

Die Arbeit in Dar es Salaam war von Anfang an durch Schwierigkeiten, finanzielle und personelle Nöte bestimmt. Erfolgreicher war die 1891 begonnene Arbeit in den Usambara-Bergen im Nordosten des Landes. Von hieraus wurden neue Aufgaben in Ruanda (1907) und in Bukoba am Victoriasee (1910) in Angriff genommen.

Auch in Berlin durchlief die Mission gerade auch wegen ihrer Verquickung mit dem Kolonialismus viele Krisen, die durch die Berufung Friedich von Bodelschwinghs in den Vorstand (1890) und dann vor allem durch die Verlegung der Mission nach Bethel bei Bielefeld im Jahre 1906 beendet werden konnten. Der geistliche und theologische Einfluß durch Bethel führte zu einer gründlichen Neuorientierung der Mission, die nach dem ersten Weltkrieg unter dem Namen Bethel-Mission die in Ostafrika begonnene Arbeit weiterführte.

1.2. Die Berliner und Herrnhuter Mission

Nach anfänglichem Zögern waren schließlich im Jahre 1891 auch die Berliner und die Herrnhuter Mission bereit, in Ostafrika eine neue Arbeit zu beginnen. Beide hatten dafür zweckbestimmte Spenden erhalten, die die Missionsleitung in die Lage versetzten, dem Vorhaben zuzustimmen. Beide Missionen entschieden sich, nicht wie allgemein üblich von der ostafrikanischen Küste aus ins Inland zu reisen, sondern sie wollten im Süden vom Nyasasee aus in das deutsche Gebiet einreisen und unter dem dortigen Volk der Konde mit der Arbeit beginnen.

Interessant ist die Begründung, die für diese Reiseroute gegeben wurde. Beide Missionen arbeiteten bereits in Südafrika und die relative Nähe zu diesem Arbeitsgebiet war ein Argument für den südlichen Reiseweg. Die Berliner meinten, daß sich eines Tage eine Kette von Missionsstationen vom Norden der Südafrikanischen Republik, wo sie unter dem Volk der Venda arbeiteten, über das heutige Zimbabwe, wo die Berliner auch bereits tätig waren, nach Ostafrika errichten ließe, die beide Arbeitsgebiete miteinander verbinden würde. Außerdem ging man zurecht davon aus, daß die Volksgruppen am Nordende des Nyasasees mit denen in Südafrika in sprachlicher und kultureller Hinsicht verwandt seien, so daß südafrikanische Helfer in der Arbeit als Dolmetscher eingesetzt werden könnten. So gehörten der ersten Delegation auch zwei Zulu-Christen aus Südafrika an.

Aber der entscheidende Gesichtspunkt war ein anderer. Man betonte, daß die Afrikaner in diesem von der Küste entfernten Gebiet "dem Einfluß von Arabern und Europäern bis dahin entzogen geblieben waren".[8] Mit anderen Worten: man wollte sich nicht in eine Auseindersetzung mit dem Islam begeben und darin seine Kräfte verschleißen, sondern den Afrikanern, die noch keine andere Religion kennengelernt hatten, also "von Islam und europäischer Kultur noch unberührt, in ihren ursprünglichen Verhältnissen lebten",[9] das Evangelium bringen. Außerdem wollte man der Kolonialverwaltung und ihrem Einfluß zuvorkommen. Merensky, der Leiter der Berliner Delegation in Ostafrika lehnte bewußt "die Anlegung einer Station der Schutztruppe in der Nähe der Missionsstationen für die Sicherheit der Missionare" ab. Vielmehr vertrauten sie ganz auf Gottes Schutz, und es sei ihnen "immer gelungen ..., sich das Vertrauen der afrikanischen Eingeborenen durch friedsames Verhalten und liebevolle Arbeit schnell genug zu gewinnen."[10] Die Kolonialverwaltung wäre dabei eher hinderlich als hilfreich. Zwar spielten auch bei den Berlinern nationale Gesinnung eine Rolle, aber man unterschied sehr genau zwischen Missions- und Kolonialinteressen, wie folgendes Zitat Merenskys zeigt: "Wir waren die ersten Deutschen, die das deutsche Schutzgebiet am Nyssa betraten. Unsere Aufgabe war zwar keine politische, trotzdem führten wir die deutsche Flagge mit."[11]

Diese ansatzweise kolonialkritische Haltung der Berliner Mission hatte Auswirkungen in der Arbeit vor Ort. Immer wieder wird davon berichtet, daß die Missionare sich für die Rechte der Afrikaner gegenüber der Kolonialverwaltung einsetzten und deren Übergriffe entschieden verurteilten. Für die Missionare waren die Afrikaner eben nicht einfach billige Arbeitskräfte für die weißen Siedler, die dementsprechend nur richtig zur Arbeit erzogen werden müßten, sondern sie sahen in ihnen Menschen mit eigener Würde, denen das Evangelium von Jesus Christus galt und die an den Segnungen des Christentums und dann auch der europäischen Kultur teilhaben sollten.

1.3. Die Leipziger Mission

Wie bereits erwähnt war schon Anfang der achziger Jahre die Bitte an die Leipziger Mission herangetragen worden, in Ostafrika in Fortführung der Anfänge von Krapf und Rebmann eine neue Arbeit zu beginnen. In Hinblick auf die Verpflichtungen in Indien wurde dies ablehnt. In der Zwischenzeit hatten die Anglikaner am Fuße des Kilimanjaro, in Moshi, eine Missionsstation gegründet. Als sich aber die anglikanischen Missionare in Streitigkeiten zwischen der deutschen Kolonialverwaltung und afrikanischen Fürsten (Häuptlingen) vermittelnd einschalteten, wurden sie verdächtigt, gegen deutsche Interessen verstoßen zu haben und deshalb des Landes verwiesen. Dies war für die Leipziger das Signal, ihrerseits nach Ostafrika zu gehen und auf Bitten der Anglikaner die von den Engländern begonnene Arbeit fortzuführen. Der diesbezügliche Beschluß der Generalversammlung betont aber ausdrücklich, "daß man sich nicht in den Dienst der kolonialen Bewegung in Deutschland stellen, nicht statt dem Reiche Gottes dem Deutschen Reiche dienen wolle".[12] Hier ist die vorsichtige kolonialkritische Haltung deutscher Missionen am deutlichsten ausgesprochen.

Dieser Überblick macht deutlich, daß die Missionen und die Missionare, die im heutigen Tanzania mit der Arbeit begannen, zwar einerseits alle Kinder ihrer Zeit und damit mehr oder weniger stark von deutsch-nationalen und kolonialen Gedanken geprägt waren, daß aber andererseits ihr Verhältnis zur Kolonialmacht differenziert beurteilt werden muß und daß Kolonialismus und Mission nicht einfach in eins gesetzt werden können.

2. Das Wirken evangelischer Missionen in Tanzania

In einem zweiten Teil will ich nun der Arbeit der Missionare im Land nachgehen. Was tun Missionare in einer ihnen zunächst fremden Umgebung? Wie begegnen sie den Menschen? Die Karikatur des Missionars, der mit der Bibel unter dem Arm (und dem Gewehr in der Hand) dem Schiff entsteigt und anfängt, den Heiden zu predigen, dürfte inzwischen hoffentlich der Vergangenheit angehören.

Ich möchte die Arbeit der Missionare unter fünf Punkten exemplarisch aufgrund von Berichten der Berliner Mission darstellen. Daran wird zugleich deutlich, wie die Missionare afrikanischer Tradition begegneten und welche Veränderungen ihre Präsenz in der traditionellen Gesellschaft bewirkte.

Begegnung mit Kultur und Sprache

Ein altes afrikanisches Sprichwort sagt: "Im fremden Lande mußt du mit ausgebreiteten Händen gehen", d.h. mit Händen, in denen keine Waffe ist, also freundlich. Es heißt auch: "Ein Gruß findet keine Abweisung."[13] Für die missionarische Arbeit bedeutete dies unter anderem, daß die Missionare von Anfang an am Erlernen der einheimischen, lokalen Sprache und an Kenntnissen der Kultur und Lebensgewohnheiten der Menschen vor Ort interessiert waren.[14] In der Regel waren die Missionare diejenigen, die die einheimischen Sprachen erforscht, in Schriftsprache umgesetzt und Grammatiken und Wörterbucher erstellt haben. Die einzigen in diesen Sprachen existierenden Bücher sind meist aus der kirchlichen Arbeit erwachsen: Schulfibel, Gesangbücher, Luthers Kleiner Katechismus, Übersetzungen von Bibelteilen. Diese linguistische Arbeit hatte angesichts des Vordringens des Kiswahili als Lingua franca in Ostafrika und der europäischen Sprachen einen ausgesprochen kulturbewahrenden Charakter. Nur durch diese Arbeit und die Entscheidung, diese Lokalsprachen für die kirchliche Arbeit einzusetzen (und eben nicht das Kiswahili wie die Kolonialverwaltung) wurde aus heutiger Sicht ein entscheidender Beitrag zum Überleben dieser Sprachen geleistet, die mehr und mehr vom Kiswahili verdrängt werden.

Die Aufzeichnungen der Missionare, die vielfach noch unausgewertet in den Archiven der Missionsgesellschaften ruhen, enthalten wertvolle ethnografische und religionsethnologische Beobachtungen, die heute noch zum Verständnis afrikanischer Tradition anleiten können. Berühmtestes Beispiel dafür sind die Aufzeichnungen von Bruno Gutmann über die Wachagga am Kilimanjaro, "Dichten und Denken der Chagganeger" (1914) und seine dreibandigen "Stammeslehren der Chagga" (1932-38). Vielfach galten die Missionare als die besten Kenner afrikanischer Tradition und Kultur.

Zurück zu den Anfängen. Von den ersten Besuchen an waren die Missionare auch um Kontakte zu den Fürsten als den Entscheidungsträgern des Volkes bemüht. Die Errichtung der Missionsstationen, Außenstationen und Predigtplätze sowie der Bau von Kapellen bedurfte ihrer Zustimmung, um erfolgversprechend zu sein.[15] Daraus entwickelte sich in der Regel ein gutes Verhältnis der Missionare zu den einheimischen Herrschern, deren Autorität sie respektierten.

Durch die Missionare verloren die Fürsten jedoch auch an Macht und Einfluß. Die sich auf den neuangelegten Missionsstationen ansiedelnde Bevölkerung war ihrem Hoheitsrecht entzogen. Hier hatte allein der Missionar das Sagen und für Recht und Ordnung zu sorgen. Er wurde außerdem oft von der Bevölkerung als Schiedsrichter angerufen und hatte deren Rechtssachen, und manchmal auch die der Herrscher untereinander, zu entscheiden. Ferner ermutigte die Präsenz der Missionare die Menschen, sich ihnen ungerecht erscheinenden Forderungen der Fürsten zu widersetzen.[16]

Tauschhandel

Die Missionare tauschten bei der einheimischen Bevölkerung die für ihre Versorgung benötigten Lebensmittel wie Mais, Bohnen, Erbsen, Bananen usw. gegen Baumwollstoffe, Messing- und Kupferdraht, Salz und andere Dinge ein. Naturgemäß entstand dadurch ein enger Kontakt zur Bevölkerung und half, Vertrauen zueinander zu finden, was Voraussetzung für jedes missionarische Wirken war und ist. Zugleich bedeutete der Tauschhandel aber einen Eingiff in bisherige Lebensgewohnheiten. Schmuck und Werkzeuge konnten jetzt leichter hergestellt werden. Felle und Lederschurze, die bisher als Kleidung dienten, wurden durch Baumwolltücher ersetzt und bereiteten so dem Vordringen europäischer Kleidung den Weg[17] Bei der Taufe trugen die Täuflinge, manchmal erstmals in ihrem Leben, ein langes weißes Baumwollgewand.

3. Arbeit auf der Station

Für die bei der Errichtung der Station anfallenden Bauarbeiten wurden einheimische Helfer benötigt. Wenn sich am Anfang die Arbeitskräfte auch nur zögernd einstellten, kamen sie später doch in stattlicher Zahl und siedelte sich zum Teil auch auf dem Stationsgelände mit an. So entstand um die Station herum ein eigenes Dorf. Die hier Lebenden mußten nicht unbedingt Christen sein. Nur die Ausübung "heidnischer" Praktiken oder die Heirat einer zweiten Frau (Polygamie) führten zum Ausschluß aus der Dorfgemeinschaft.[18] Den Arbeitern auf der Station wurden zugleich handwerkliche Fähigkeiten beigebracht, die sie beim Bau ihrer eigenen Häuser anwenden konnten. An einigen Orten richtete die Mission zusätzlich handwerkliche Lehrwerkstätte ein, um junge Männer auszubilden.[19] Auch dadurch wurde natürlich der Lebensstil der Bevölkerung verändert.

Nicht nur durch solche praktischen Tätigkeiten wollten die Missionare Vorbilder sein, sondern auch durch ihre christliche Gesinnung.[20] Es wurden morgendliche Andachten gehalten, an denen auch die auf der Station lebenden Nichtchristen in großer Zahl teilnahmen. "Die Andachten waren ein wichtiges Missionsmittel," kommentiert Tramp.[21]

Selbstverständlich wurde auf den Missionsstationen von Anfang an Sonntagsgottesdienst gehalten, an dem auch Bewohner entfernt liegender Dörfer teilnahmen. Vielfach führte einfach Neugierde oder der Wunsch nach materiellen Vorteilen Besucher in die Kirche. Eine Reihe von ihnen blieb nach einiger Zeit enttäuscht weg. Einige Christen bekannten später: "Wir selbst ... hofften von Euch etwas Kaliko (Baumwollstoff) zu bekommen dafür, daß wir regelmäßig zur Morgenandacht und zum Gottesdienst kommen. Erst später verspürten wir den Ruf des eigenen Herzens."[22] Für die Ausgestaltung der Gottesdienste übersetzten die Missionare deutsche Choräle und übten sie mit der Gemeinde ein. Außerdem übernahmen sie Volksmelodien, verfaßten neue Texte dazu und sangen sie als christliche Lieder.

Nach wenigen Jahren konnten die ersten Christen nach gründlicher Unterweisung getauft werden. Ein Teil von ihnen wurde sehr bald als Gemeindeälteste und Helfer eingesetzt und so an der Missionsarbeit beteiligt.

In diesem Zusammenhang sollen auch die Besuchsdienste der Missionare erwähnt werden. Hübner aus Bulongwa berichtet z.B., daß er jeden Mittwoch zusammen mit einheimischen Helfern verschiedene Dörfer besucht hat, um mit den Menschen dort ins Gespräch zu kommen und so ihr Interesse für die Botschaft des Evangeliums zu wecken. Auf diese Weise wollte er das Mißtrauen der Bewohner gegenüber den Weißen abbauen.[23] Bald wurden auch einheimische Helfer selbständig mit Besuchsdiensten beauftragt. Dazu gingen sie am Samstag von Haus zu Haus, um zum Gottesdienst einzuladen. Auf diese Weise waren sie in verantwortlicher Weise an der geistlichen Arbeit beteiligt.[24] In späteren Jahren bereitete der Missionar mit den Helfern gemeinsam die Sonntagspredigt vor, die sie dann auf den Außenstationen zu halten hatten.[25]

Die Mitarbeit der einheimischen Christen beurteilte der für Ostafrika verantwortliche Inspektor der Berliner Mission Axenfeld 1909 so: "Mögen die Leistungen der eingeborenen Helfer in Predigt und Unterricht noch so mangelhaft sein, so müssen wir uns gerade in Ostafrika mit der Überzeugung durchdringen (sic!), daß mangelhafte Leistungen Eingeborener oft wertvoller für die Einbürgerung des Christentums in diesem Volke sind als gute der fremden Missionare", und daß der Missionar "selbst nur das tut, was die eingeborenen Christen nicht selbst tun können, ... und (daß er) seine Mitarbeiter auch an der Verantwortung beteiligt."[26]

In jedem Fall stand die christliche Unterweisung im Mittelpunkt der Gemeindearbeit. Durch die katechetisch gestalteten Predigten und Andachten und den Nachdruck, der auf den Taufunterricht gelegt wurde, entstand der Eindruck, daß der christliche Glaube eine Religion sei, die gelernt werden müsse. Die Dorfevangelisten, die neben der Seelsorge auch für den Taufunterricht verantwortlich waren und sind, erhielten die Bezeichnung *Lehrer*, die bis heute in Gebrauch ist. Mit Recht wird diese Form der Gemeindearbeit "Kusoma-Christenheit" genannt;[27] Kusoma heißt *lesen* und *lernen*. Sie steht bis heute in Gefahr, eine "Religion der Schulstube" oder ein "Gewand, das man zu bestimmten Zeiten und bei bestimmten Anlässen anzieht", zu bleiben.[28] Es braucht eine gewisse Zeit, bis der christliche Glaube das ganze Leben der Menschen bestimmt und sie ihren eigenen Weg in Kirche und Theologie gehen, d.h. auch in dieser Hinsicht selbständig werden. Darauf komme ich in meinem nächsten Abschnitt noch einmal zurück.

Medizinische Arbeit

Als vierte Form der Arbeit ist die Behandlung der Kranken zu nennen. Diese Aufgabe wurde von Anfang an auf allen Stationen wahrgenommen und half, Vertrauen zur Bevölkerung zu gewinnen.[29] Die ärztliche Mission, oft verbunden mit verschiedenen Formen der Sozialarbeit, war immer ein wichtiger Teilbereich missionarischer Arbeit. Bis heute sind viele Krankenhäuser in Tanzania in kirchlicher Trägerschaft.

Schularbeit

Neben den täglichen Andachten und den Gottesdiensten bot gerade der Unterricht die Möglichkeit, der einheimischen Bevölkerung das Anliegen der Mission, die Evangeliumsverkündigung, nahezubringen. Von den Arbeitern auf den Stationen meldeten sich bald einige, die entweder im Lesen und Schreiben unterrichtet werden oder aber als Vorbereitung auf die Taufe die Katechismusstunden besuchen wollten.[30] Spätestens seit 1909 förderte die Berliner Mission die Schularbeit mit Nachdruck, weil sie jetzt überzeugt war, nur dadurch das Volk als Ganzes erreichen zu können. Die Leipziger Mission hatte von Anfang an der Schularbeit großes Gewicht gegeben und auf ihren Stationen sogenannte Kostschulen, d.h. Internatsschulen eingerichtet. Die Schule aber sollte in der Gemeinde der Christen verwurzelt sein.[31] Auch aus diesem Grunde widersetzte sich die Mission der von der Kolonialmacht geforderten engen schulischen Zusammenarbeit.[32]

Der Gegensatz von Kolonialverwaltung und Mission in der Schulfrage bezieht sich vor allem auf zwei Punkte. Einmal, was ist das Ziel der Schule? Kolonialbeamte und deutsche Siedler wollten nur eins: die Afrikaner zu willigen Plantagenarbeitern zu erziehen oder zu willigen Helfern der Kolonialverwaltung. Dazu wären Grundkenntnisse im Lesen, Schreiben und Rechnen sowie einige handwerkliche Fähigkeiten ausreichend. Gegen diese Einstellung, die die einheimische Bevölkerung nur für die eigenen wirtschaftlichen Interessen ausnützen wollte, erhoben die Missionen unaufhörlich und nachdrücklich Einspruch.³³ Ihnen ging es um Ausbildung um der Afrikaner willen und um den Aufbau einer Volkskirche, die von diesen Afrikanern getragen wird. Durch die Missionsschule sollte "jeder Christ auf Grund einer gründlichen Volksbildung nicht nur zu einem besseren Verständnis des Evangeliums, sondern auch zur optimalen Entfaltung seiner Fähigkeiten und damit zu einem gewissen Wohlstand gelangen" können.³⁴ Beide Ansätze, Erziehung zur Arbeit oder gründliche Volksbildung, blieben immer unversöhnliche Gegensätze.

Ein zweiter Streitpunkt war die Sprachenfrage. Während die Kolonialverwaltung Deutsch und Kiswahili als Schulsprache wünschte, setzten die Missionare auf die Lokalsprachen, die sie selbst zwar erst erlenen mußten, in der aber die breite Bevölkerung erreicht werden konnte und die deshalb für die Volksbildung allein brauchbar war. Denn Kiswahili war damals noch nicht allgemein im Land verbreitet. Erst später erkannten die Missionare die wichtige Bedeutung des Kiswahili als lingua franca für Ostafrika. Auch hier beugten sich die Missionen nicht den Wünschen der Kolonialverwaltung, obwohl sie deshalb auch auf staatliche Zuschüsse für ihre Schulen verzichten mußten.

Das Kommen der Missionare und die von ihnen getragene Arbeit hat das Leben der Afrikaner in jedem Fall beeinflußt und zum Teil auch verändert. Viele dieser Veränderungen wurden von der Bevölkerung bereitwillig angenommen, weil sie etwa das alltägliche Leben erleichterten, andere notwendiger Weise erduldet. Natürlich hat die Missionsarbeit damit auch die afrikanische Kultur verändert: Die traditionellen Herrscher verlieren an Einfluß, und der äußere Lebensstil ändert sich; man trägt europäische Kleidung, benutzt modernere Werkzeuge und lernt Lesen, Schreiben und Rechnen; man hat (wenn auch so nicht unbedingt von den Missionaren beabsichtigt, so doch langfristig gesehen) Zugang zu europäischer Bildung. Aber an einem Punkt beweist das Alte seine Macht: in der Religion. Sie leistet dem neuen Einfluß gegenüber Widerstand. Auch wenn einzelne dem neuen Glauben folgen, verhindert die Kraft der alten Religion ein schnelles Wachstum der christlichen Gemeinde.

4. Begegnung von Kulturen

Jede Begegnung mit Menschen aus einem anderen Kulturkreis führt unausweichlich zu einer gegenseitigen Beeinflussung und Veränderung der Kultur (und ist damit Voraussetzung für Entwicklung und Fortschritt). Das gilt schon für den Einfluß der Araber durch ihre Handelswege ins Inland und den Sklavenhandel, der bereits im 19. Jahrhundert Kulturveränderungen bewirkte und dann natürlich sowohl für Kolonialbeamte und Siedler vor rund einhundert Jahren als auch für Entwicklungshelfer heute. Und natürlich auch für Missionare damals wie heute. Sie standen und stehen in einer intensiven Begegnung und Auseinandersetzung mit afrikanischer Tradition, afrikanischer Kultur und afrikanischer Religion.

Den Missionaren ging es von ihrem Grundanliegen aus darum, religiöse Einstellungen, Glaube, zu verändern, was in gewissen Bereichen auch eine Veränderung von Kultur und Tradition beinhaltet. Andereseits ging es ihnen aber auch um die Bewahrung afrikanischer Identität und damit um Bewahrung von Tradition und Kultur.

Ziel der missionarischen Arbeit war es aber nicht nur, Menschen zum Glauben an Jesus Christus zu rufen, sondern das Entstehen einer selbständigen einheimischen Kirche. Voraussetzung dafür ist, daß die Afrikaner das Evangelium und den christlichen Glauben als etwas verstehen lernen, das mit ihrem Leben zu tun und für sie Bedeutung hat, das also auch Raum in ihrer afrikanischen Kultur und Tradition hat. Dazu muß die christliche Botschaft aber nicht nur in eine afrikanische Sprache, sondern zugleich in den Gesamtzusammenhang der Gesellschaft, Tradition, Kultur und Religion der Hörer übersetzt werden.[35] Dazu ist die Kenntnis und dann die Auseinandersetzung mit dem afrikanischen Kontext eine wichtige Voraussetzung. Die Frage, welche Elemente der alten afrikanischen Kultur mit dem neuen christlichen Glauben vereinbar und welche abzulehnen sind, findet sowohl seitens der Missionare als auch seitens der Afrikaner unterschiedliche Antworten, ebenso die Frage, welche Elemente der alten Kultur erhaltenswürdig sind und welche Elemente der europäischen Kultur übernommen werden sollten.

In aller Kürze möchte ich ein paar Beispiele anführen. Die Missionare aller Konfessionen führten einen erbitterten Kampf gegen die Polygamie,[36] die mit der christlichen Ehe als unvereinbar angesehen wurde. Die Afrikaner hielten und halten sie bis heute für eine rechtmäßig, neben der Monogamie gleichberechtigte Eheform, die sich mit dem christlichen Glauben vereinbaren läßt. Oder es wurde um die Sitte des Brautpreises gestritten, in der die Missionare eine Degradierung der Frauen sahen, die Afrikaner aber gerade eine Wertschätzung. Oder: in welcher Form kann die vielfach übliche Bescheidung in der christlichen Gemeinde geduldet werden? In diesen Fragen plädierten die Missionare für Abschaffung dieser Sitten, die Afrikaner für die Beibehaltung.

Auf der anderen Seite setzten sich viele Missionare für die Beibehaltung sozialer Institutionen in der Gesellschaft, das Funktionieren der Großfamilie, und anderes ein. Hier ist wieder besonders Bruno Gutmann zu nennen. Den Missionaren ging es also um Bewahrung von Tradition. Aber diese Bemühungen wurden von vielen Afrikanern abgelehnt. Sie wollten sich vielmehr europäischen Verhaltensmustern anpassen, europäische Kultur übernehmen.

Klaus Fiedler geht in seiner Untersuchung "Christentum und afrikanische Kultur"[37] dieser Spannung nach und stellt fest: Es gibt "keine Belege für die Vermutung, daß Afrikaner eine Institution umso mehr bejahen, desto mehr afrikanische Elemente sie enthält", sondern entscheidend ist, "welche Rolle" und gesellschaftliche Stellung, welchen Einfluß "diese Einrichtung den Betroffenen vermittelt". Das heißt, "daß die Missionare eine zu statische Auffassung von afrikanischer Kultur hatten, daß für sie nur das afrikanisch war, was seine Wurzeln in der afrikanischen Vergangenheit hatte. Die meisten Afrikaner sahen das anders. Sie wollten die Elemente ihrer Kultur, die ihre Funktion verloren hatten, aufgeben und die Elemente der europäische Kultur, die sie für wertvoll hielten, in ihre afrikanische Kultur integrieren ... Dann ist nicht das afrikanisch, was irgendwelche Wurzeln in der Vergangenheit hat, sondern das, was die gegenwärtigen Bedürfnisse der Afrikaner erfüllt. Zu den gegenwärtigen Bedürfnissen der Afrikaner gehört sowohl der Wunsch, Elemente ihrer traditionellen Kultur zu bewahren als auch der Wunsch, ihnen nützlich erscheinende Elemente anderer Kulturen aufzunehmen."[38] Auf diese Weise gestalteten die Afrikaner selbst zu einem großen Teil ihre kirchlichen Lebensformen, die sich oft von den Vorstellungen der Missionare unterschieden.[39]

Diese sich entwickelnde Eigenständigkeit der afrikanischen Christen ist letztlich auch der Grund dafür, daß die im Entstehen begriffene Kirche die Unterbrechungen der Arbeit durch die beiden Weltkriege so gut überstanden hat. Im Ersten Weltkrieg mußten um 1916 alle deutschen Missionare das Land verlassen, bzw. sie wurden von den Engländern interniert. Die Missionsstationen blieben verwaist zurück. Es gab noch keine ordinierten afrikanischen Pfarrer. Nur sehr gelegentlich besuchten britische Missionare die kleinen Gemeinden. Als den deutschen Missionaren ab 1925 von den Engländern die Rückkehr nach Tanganyika gestattet wurde, waren sie überrascht, daß sie nicht nur ihre alten Gemeinden vorfanden, sondern daß diese zum Teil erheblich gewachsen waren. Die afrikanischen Helfer hatten die Arbeit selbständig weitergeführt. Ende der zwanziger, Anfang der dreißiger Jahre wurden schließlich in den meisten Missionsgebieten die ersten Afrikaner ordiniert, und es entstanden afrikanische Kirchen, wenn auch noch unter weißer Leitung.

Als bei Ausbruch des Zweiten Weltkrieges wiederum alle Deutschen des Landes verwiesen oder interniert wurden, war die afrikanische Kirche auf diese Situation besser vorbereitet. Außerdem traten jetzt Missionen anderer Nationalität in die Arbeit ein: Schweden, Dänen, Finnen und Amerikaner. Diese Internationalisierung der missionarischen Arbeit wurde nach dem Zweiten Weltkrieg, als für Deutsche wieder eine Mitarbeit möglich war, bewußt beibehalten. In der Zwischenzeit waren die einzelnen Missionskirchen gezielte Schritte auf die Selbständigkeit hin gegangen, indem die kirchliche Verwaltung mehr und mehr in afrikanische Hände überging, sich das Gabenaufkommen der Kirche sehr steigerte und sie damit finanziell unabhägiger wurden und natürlich indem sie unter ihren Landsleuten missionarisch wirkten und die Mitgliederzahlen der Kirchen deutlich stiegen. 1963 haben sich die sieben selbständigen lutherischen Kirchen, die aus der ehemals deutschen Missionsarbeit hervorgegangen waren, zu einer Kirche, der ELCT zusammengeschlossen. Alle kirchenleitenden Ämter in den neuen Gliedkirchen wurden jetzt von Afrikanern wahrgenommen.

An der Zusammenarbeit mit den amerikanischen und europäischen Missionen ist die tanzanische Kirche weiterhin interessiert. Sie lädt nach wie vor Mitarbeitende aus den überseeischen Partnerkirchen ein, die in der afriaknischen Kirche als Pfarrer, Dozenten, Lehrkräfte, Ärzte, Verwaltungsfachleute oder Bauingeneure mitarbeiten. Sie sind wirklich Mit-Arbeiter, zusammen mit afrikanischen Kollegen und unter afrikanischer Leitung. Es wird von ihnen erwartet, daß sie sich in die Kirche integrieren, sich mit ihr identifizieren und die von der afrikanischen Leitung vorgegebenen Ziele mit tragen und mit verfolgen.

Heute, nach gut einhundert Jahren Missionsarbeit, hat die ELCT etwa 1,5 Millionen Mitglieder, das sind ca. 6 Prozent der Bevölkerung (bei etwa 40 Prozent Christen insgesamt), und ist damit die größte protestantische Kirche Tanzanias. In ihr arbeiten etwa 800 afrikanische Pfarrer, unterstützt von etwa 100 weißen. Aber die Hauptlast der kirchlichen Arbeit tragen die Laien. Die Kirche ist heute sowohl innerhalb des Landes als auch in den Nachbarländern missionarisch tätig. Aus einer Missionskirche wurde also eine missionierende Kirche. Zugleich leistete und leistet die Kirche durch ihre sozialen Einrichtungen, durch Krankenhäuser, Schulen und Ausbildungstätten einen wichtigen Beitrag zum Aufbau des afrikanischen Staates.

Das bringt mich zu einer letzten Beobachtung. Johanna Eggert hat in ihrer Studie über die "Missionsschule und sozialen Wandel in Ostafrika" herausgearbeitet, daß die Missionsschule eine doppelte Funktion erfüllte. "Gemeindebildung und Integration (der Schüler) in afrikanische Volkskirchen war die manifeste Funktion der Missionsschule gewesen." Das war das Ziel der Mission. Aber nun kam ein zweites, nicht erwartetes und nicht beabsichtigtes Ergebnis hinzu, was Eggert die latente Funktion nennt. "Die latente Funktion der Missionsschule war ihre Bereitstellung von Arbeitskräften außerhalb des Missionsbereichs" in Institutionen wie "Post, Eisenbahn, Polizei- und Militärtruppen, Wirtschaftsunternehmen".[40] Die Missionsschule leistet also einen wesentlichen Beitrag zum Aufbau einer personellen Infrastruktur, zum Nation Building, zur Entwicklung der säkularen Gesellschaft, weil die Schulen der Kolonialverwaltung allein dazu gar nicht in der Lage gewesen wären.

Diese Beobachtung in bezug auf die Missionschulen läßt sich auf die Missionsarbeit als ganzes ausdehnen. Neben der manifesten Funktion der Kirchengründung hatte die Mission auch eine latente Funktion, eine Wirkung in die Gesellschaft hinein. Man kann hier von "Beiprodukten der christlichen Mission"[41] sprechen. Durch die Vermittlung von Bildung im weitesten Sinne, durch die Anleitung, wie mit den Phänomenen westlicher Kultur und Säkularisation umgegangen werden kann, durch das Bewußtsein, zu einer weltweiten Gemeinschaft zu gehören, die Stammesgrenzen sprengt und überwindet, durch die Stärkung des afrikanischen Selbstbewußtseins u.a. hat Mission und Kirche in Afrika einen wesentlichen Beitrag zur Entwicklung und Selbständigwerdung afrikanischer Staaten geleistet. Deshalb sagte ich eingangs, daß das heutige Tanzania nicht ohne eine Reflexion des Beitrags, den Kirche und Mission geleistet haben, verstanden werden kann. Die Missionsgeschichte mit ihren Licht- und Schattenseiten ist ein Teil der Geschichte Tanzanias. Die aus den kleinen Anfängen der Mission entstandene Kirche ist intergrativer Teil der tanzanischen Gesellschaft; die Kirche hat diese Gesellschaft mit prägt und gestaltet.

Anmerkungen

1 Vgl. dazu die Beiträge in: Ngeiyamu Joel/Triebel Johannes (Hrsg.): Gemeinsam - auf eigenen Wegen. Evangelisch-Lutherische Kirche in Tanzania nach hundert Jahren, Erlangen 1994, S. 128-146.
2 Siehe dazu ebenda; vgl. weiter Jaeschke, Ernst (Hrsg.): Zwischen Sansibar und Serengeti. Lutherische Kirche in Tansania, Erlangen 1968; Kiwovele, Judah/Mellinghoff, Gerhard (Hrsg.): Lutherische Kirche Tanzania. Ein Handbuch, Erlangen 1976, 2. Aufl. 1990.
3 Allgemeine Missionszeitschrift (AMZ) 1885, S. 553, zitiert in Menzel, Gustav: Die Bethel-Mission, Neukirchen-Vluyn/Wuppertal 1986, S. 12.
4 Ebd.
5 Moritzen, Niels-Peter: Koloniale Konzepte der protestantischen Mission, in: Bade, Klaus J. (Hrsg.): Imperialismus und Kolonialmission, Wiesbaden 1982, S. 54, mit Verweis auf AMZ 1879, S. 498.
6 Zitiert in Menzel, a.a.O., S. 15.
7 Ebd., S. 28. Wortführer war Gustav Warneck.
8 Merensky, Alexander: Deutsche Arbeit am Nyaßa, Berlin 1894, zitiert bei Triebel, Johannes: Gottesglaube und Heroenkult in Afrika. Untersuchungen zum Lwembe-Kult der Wakinga in Südtanzania, Erlangen 1993, S. 108.
9 Axenfeld, Karl: Die missionarische Aufgabe in Deutsch-Ostafrika, in: Berliner Missionsberichte (BMB) 1909, S. 125.
10 Merensky, zitiert in: Brose, Winfried/van der Heyden, Ulrich (Hrsg.): Mit Kreuz und deutscher Flagge, Münster/ Hamburg 1993, S. 156.
11 Ebd. 157.
12 Fleisch, Paul: 100 Jahre Leipziger Mission, Leipzig 1936, S. 267.

13 Schumann, Christian: Bilder aus der ersten Zeit aus unserer Arbeit im Kondeland, Beiheft zur AMZ Nr.7 Juli 1916, 52.
14 Vgl. Sahlberg, Carl-Erik: From Krapf to Rugumbwa. A Church History of Tanzania, Nairobi 1987, S. 67; Wright, Marcia: German Missions in Tanganyika 1891-1941, Oxford 1971, S. 87.
15 Siehe z.B. BMB 1902, S. 368, 371; 1904, S. 34; Jahresbericht 1907, S. 143.
16 BMB 1898, S. 122; 1902, S. 371.
17 Vgl. Meyer, Theodor: Die Konde, Hohenschäftlarn 1989, S. 70. Baumwollstoff diente ursprünglich "als Geld, d.h. als Tauschmittel".
18 Vgl. Platzordnung für Stationen in Deutsch-Ostafrika, Archiv Berliner Mission.
19 Vgl. Richter, Julius: Geschichte der Berliner Missionsgesellschaft, Berlin 1924, S. 664.
20 Vgl. Winter, J. C.: Missionsmethoden der größeren protestantischen Missionsgesellschaften in Tanzania im Überblick, in: Kiwovele/Mellinghoff, a.a.O., S. 88; Sahlberg, a.a.O., S. 67.
21 Tramp: Die Wirkungen des Evangeliums im Nyaßalande, in: Mission und Pfarramt 18 /1925, S. 104.
22 BMB 1900, S. 28; vgl. BMB 1897, S. 224; Schumann, a.a.O., S. 63: "Wie oft habe ich es erlebt, daß von denen, die sich ganz aus äußeren Gründen meldeten, viele ernste Christen wurden, die dann bekannten, daß sie auf diesem Weg ihren Heiland gefunden hätten."
23 BMB 1899, S. 638; 1900, S. 30.
24 BMB 1902, S. 371; 1901, S. 57.
25 BMB 1904, S. 35; vgl. BMB 1907, S. 507.
26 Axenfeld, a.a.O., S. 130.
27 Siehe Anderson, William B.: The Church in East Africa 1840-1974, Dodoma 1977, S. 111ff. Er spricht von "Kusoma Christianity".
28 Taylor, John V.: Du findest mich, wenn du den Stein aufhebst, München 1965, S. 13ff., 17. Im Englischen spricht er von "Classroom religion".
29 Schumann, a.a.O., S. 53; vgl. Merensky, a.a.O., S. 269.
30 BMB 1897, S. 224f., 226; 1898, S. 695; vgl. Sahlberg, a.a.O., S. 67. Zur Schulfrage insgesamt siehe Eggert, Johanna: Missionsschule und sozialer Wandel in Ostafrika, Bielefeld 1970.
31 BMB Jahresbericht 1909, S. 86; Axenfeld, a.a.O., S. 131; vgl. BMB Jahresbericht 1909, S. 112f.; 1910, S. 89f.; 1911, S. 99f.; BMB 1913, S. 150; Richter, a.a.O., S. 681. Zur Neubewertung der Missionsschule durch Axenfeld siehe Eggert, a.a.O., S. 124-130.
32 Wright, a.a.O., S. 111f.; Winter, a.a.O., S. 89.
33 Eggert, a.a.O., S. 58.
34 Ebd., S. 194f. in bezug auf die Leipziger Mission.
35 Bürkle, Horst: Missionstheologie, Stuttgart 1979, S. 86; vgl. Gensichen, Hans-Werner: Glaube für die Welt. Theologische Aspekte der Mission, Gütersloh 1971, S. 145.
36 Vgl. Triebel, Johannes: Polygamie als Taufhindernis. 100 Jahre Auseinandersetzung am Beispiel Südwesttanzanias, in: Ngeiyamu/Triebel, a.a.O., S. 307-323.
37 Gütersloh 1983, ursprünglich in englisch: phil. Dissertation, Dar es Salaam 1977.
38 Ebd., S. 17; vgl. ebd., S. 96, 134.
39 Das stellt Fiedler, a.a.O., an einzelnen Beispielen auch aus der Arbeit der Herrnhuter und Berliner Mission in Südtanzania dar.
40 Eggert, a.a.O., S. 275.
41 Bürkle, a.a.O., S. 116.

Juhani Koponen

Knowledge, Power and History: German Colonial Studies in Tanzania

The historical continuities between colonial and post-colonial policies and practices in Tanzania, and elsewhere in Africa, have been increasingly recognized both in research and in practice. It has often been noted that continuities can be found in state policies and major social and economic trends. In this paper[1] I suggest that there are also continuities in the production and consumption of knowledge. One can even indicate direct links from colonial studies to present-day African and development studies. Some of these are quite obvious; ie., the empirical basis for much of what we think we now know was provided by colonial scholars. But the real point goes beyond this. Even when direct genealogical links cannot be established, a closer look will often reveal parallels which should arouse our curiosity vis-à-vis their underlying determinants. My broad argument is that the European colonization of Africa represented an epistemological break; since colonialization, our politics and our paradigms have changed, but in our research we have remained within one and the same discourse, characterized by the same internal logic.

In this paper, I wish to try to put forward some ingredients for making the case for such an argument by examining the main characteristics of colonial studies in German East Africa and imperial Germany. The first part of the paper is about the production of colonial knowledge and is confined to German East Africa which besides the present-day Mainland Tanzania comprised also Burundi and Rwanda. The second part is about the use of the knowledge and discusses the organization of colonial studies in Germany itself.

I am less interested in the empirical contents of these studies and more in their organization and the interests guiding them. I make no claims for complete coverage - for instance, medical research is left out in its entirety - nor in a detailed assessment of the merits and shortcomings of particular pieces of research. Respecting the unwritten rules of our discourse, I take the overall usefulness of that body of research for granted; at the same time, I fully acknowledge its many dubious qualities. By focussing on the means of its production and on contemporary efforts at its application, I try to show that the corpus of colonial knowledge was internally uneven and differentiated. The interests guiding and conditioning its production were not uniform, and its use and application in practical colonization efforts was by no means straightforward.

The production of colonial knowledge

In the surface, German colonialists were driven to carry out research by a very practical interest; they were acutely conscious of the maxim that knowledge is power.[2] Yet the relation between knowledge and power is never simple and was certainly not so in the colonial situation, based as it was on a highly unequal distribution of access to power, in addition to what might be called structural ignorance and misunderstanding.

Indeed, when one looks at the motives behind the European colonization of Africa one is struck by the scantiness of the knowledge and the depth of the ignorance and misunderstanding of the colonializers. The scramble for Africa in which the the African continent was partitioned among the European imperialist powers in the two last decades of the nineteenth century was a much less a planned and rational affair than it may appear in retrospect. Decisions to embark upon colonization were not grounded on informed input-output calculations of the costs of colonization and the value of the countries concerned. Rather, policies were inspired by speculations concerning the intents of other Europeans and illusions about African resources.[3] Only the rough outlines of African geography had been established by the preceding period of exploration and commercial penetration. Prevailing conceptions entailed superficial and highly prejudiced ideas of the indigenous people inhabiting the areas. The Germans were particularly disadvantaged. Having undergone their own national unification belatedly they were newcomers in the colonial comptetition. Consequently they had few opportunies to acquaint themselves with the countries and peoples they so abruptly embarked upon to subjugate.

If power thus went before knowledge in colonization, it soon transpired that power could not be effected and consolidated without knowledge. In order to administer and economically exploit the country, the colonialists were forced to acquire a much better idea of its natural and human resources and the ways to exploit them. Research had to follow the flag. Fledglings in colonialsim but a world power in scientific research, the Germans promptly embarked on a research programme in East Africa and other colonies. But like the colonial conquest and the building-up of the colonial economy and society, the production of colonial knowledge was a slow and laborious process.

Completion of exploration

Forces of continuity were already at work as the specifically colonial forms of research began to take shape. They were most obvious in geographical exploration. The quest for geographical discoveries had been one, though scarcely the main, motive behind the increased European penetration of Africa in the the nineteenth century. East Africa had been the scene of some of the most spectacular precolonial African explorations - J.L. Krapf and Johannes Rebmann, Richard Burton and John Hanning Speke, David Livingstone and Henry Morton Stanley had all visited parts of the territory. But while the main features of the landscape had by and large been charted through their labours, "as for the details, much remained to be resolved", to quote the wonderful understatement by Hans Meyer, a geographer from Leipzig and leading German colonial scientist.[4] In fact, the Germans had very diffuse ideas concerning such major issues as the navigability of rivers or the extent and nature of the region's natural resources. As argued by another big name of German East Africa studies, Franz Stuhlmann - a natural scientist turned colonial conqueror and administrator - the task now facing the colonial government was "the exploration and opening up of the protectorate in a economic-scientific sense".[5] Clearly, without much more detailed exploration and mapping of the country the colonialists were unable to locate natural and mineral resources, assess the potentalities for colonial cultivation and settlement and decide where to set up plantations and build roads and railways.

Under colonial rule, African exploration was transformed from an international into a national affair. It was also butressed with increasing violence. German colonial exploration went hand in hand with military conquest and occupation of the country. At this stage, knowledge and power coincided in a very tangible manner. Much of the early exploration took place in the form of expeditions. Some, like those by Franz Stuhlmann, Oscar Baumann and Count Adolf von Götzen, crossed the whole country in the manner of grand precolonial explorers. Stuhlmann went in 1890-1892 from Bagamoyo to the western side of the Lake Victoria Nyanza and back through partly unexplored regions. He returned to Germany temporarily to produce an encyclopedic work of 800-odd pages much superior to anything written before - and most written since - on East Africa.[6] Oscar Baumann's expedition left Tanga in 1892 and shot its way through Maasailand to Victoria Nyanza and beyond to Burundi, returning the next year to the coast. Being a trained geographer and a keen observer, Baumann published valuable materials not only on geography but also on the ethnography of the northern and north-western parts of the country.[7] Götzen, a soldier of noble origin and the future governor of German East Africa, crossed the whole continent from east to west. He left Pangani at the end of 1893 and proceeded as the first European traveller to the fabled kingdom of Rwanda.[8] But most expeditions had a more limited task: to explore a certain area of colonial interest, such as the coast and its hinterland, Usambara,[9] Kilimanjaro,[10] or the great lakes.[11]

Few expeditions were organized for the sole purpose of geographical exploration; most were basically political or military exercises for which exploration was a sideline. Financing came from a variety of sources: the colonial state, colonial companies or other colonial interest groups, scientific societies in Germany, and even from the private purses of the explorers themselves. The German parliament, *Reichstag*, also had an Africa Fund at its disposal from which it awarded grants for scientific expeditions annually. In theory, there was a distinction between a goverment expedition and a private one; in practice, in the early years, it was often impossible to tell the difference. All flied the German flag and were accompanied by a number of armed *askari* who were deployed in armed battles with African peoples. Stuhlmann travelled as a liuetnant of the German colonial troops accompanying Emin Pasha. Emin Pasha was an adventurer-physician of Austrian origin undertaking a mission for the German colonial govenment. Baumann had been dispatched by a non-govermental organization, the German "Anti-Slavery Committee", a group of private German colonial militants who raised funds from colonial ethusiasts at home by lottery. Baumann was also concerned with strengthening the German grip on the areas visited. Götzen relied on private means, including his own. Whether an expedition proceeded more or less peacefully was not necessarily dependent upon whether it was financed privately or by the State. The Emin-Stuhlmann expedition was bloody, leaving German "flags in dishonour and everything in chaos from Mpwapwa to Karagwe", and it proved an embarrasment even to the colonial government.[12] Baumann's passage to Burundi appears to have been still more turbulent.[13] Another anti-slavery expedition was reported by colonial officials to have been "distinguished by particular recklessness, robberies ... and the inconsiderate instigation of bloody conflicts with the natives".[14]

Multi-purpose expeditions through countries unknown to the colonial conquerors remained an important means of gaining information throughout the German colonial period - the Hamburg geographer Erich Obst was able to make geographical and ethnographical discoveries when travelling through the north-central "area without a river outlet" as late as in 1911-1912.[15] But gradually more explorations were undertaken on a smaller scale and on a different basis, by "men on the spot" (including in fact a few women). These were mainly officers of the *Schutztruppe*, the small German-officered military force, and missionaries.[16] Soldiers and missionaries stationed at important junctures were in any case obliged to move about their surroundings in order to acquaint themselves with places and peoples. In doing so they were strongly encouraged both by the government in Dar es Salaam and by geographers and ethnologists back home to make systematic observations and write them down. Some published reminiscences with rich geographical and ethnographic contents,[17] some compiled their experiences in travel books,[18] others even published ethnographic monographs.[19] Most of the results of these labours appeared as unglamorous but useful articles in learned journals, such as the interdisciplinary semi-official *Mitteilungen aus den Deutschen Schutzgebieten* or the geographical *Petermann's Mitteilungen* and *Globus*.

A major goal of the explorations was the surveying and mapping of the country: it was obviously difficult to administer and exploit a colony economically without a proper map. In 1895, a Department of Land Surveying and Agriculture with professional cartographers was created within the Dar es Salaam administration to take responsibility for this under Stuhlmann's leadership. A few more specialized expeditions were also dispatched, but the bulk of the information was provided by individual German colonialists. Not only did every explorer make geographical measurements as a matter of course, but very officer and official going on safari was also ordered to take a sextant with him and use it. The idea was cover the whole country with maps to a scale of 1:300 000 and prepare more detailed maps for those parts of the country that were regarded most valuable for colonialism, i.e. the coast, highlands and the surroundings of the great lakes. After a good start the pace of the work slowed down, but the maps produced by the Germans were generally considered excellent. A former Governor of neighbouring British East Africa praised them lavishly, recalling how he "nourished (him)self ... on the crumbs which fell from the Teutonic table" and habitually consulted a German map, which took some account of the British-occupied territory.[20]

Most of the early colonial research was highly utilitarian in purpose, designed to promote the colonial exploitation of the country. But some scholars, especially those among home-based academics understood that overtly utilitarian research was not necessarily best research for practical ends. This point was made most emphatically by Hans Meyer. A colonial militant and member of the semiofficial Colonial Council, Meyer believed that exploration of the German colonies was a "national duty" for German geographers. Nonetheless, he strongly warned against concentrating on narrow "utility research" (*Nützlichkeitsforschung*). The task of the geographer was to understand how multifarious forces and phenomena interacted in a given space: how the climate of a country depended on its location; how the flora and fauna were affected by climate, soils, and water conditions; and how all these lended the human inhabitants their special quality not only in a material sense, but also to some extent with respect to their mental characteristics. Such an understanding could only be produced by "scientific" or "causative" geography that sought to establish causal relationships and show in the last instance that "man also belongs to nature and cannnot be disconnected from its causal context". Colonial geography must not confine itself to the practical tasks of the colonial economy; indeed, if it wished to be useful it had to be systematic and scientific. "Practice has always appropriated what is useful from the results of scientific work and that will also happen here," Meyer assured.[21]

Geology and agricultural research

As conquest and "pacification" proceeded and general geographical and ethnographic knowledge expanded the need for more specialized knowledge relevant to the colonial economy was making itself felt more acutely. The colonial administration assumed a major role in promoting the production of knowledge, with Stuhlmann as its major agent. Private interests also played their part, and it was not uncommon that tensions developed between the two.

Stuhlmann outlined a practical research programme of short term utility and was himself entrusted the responsibility for its execution as the top colonial official until 1908 when he returned to Germany. Besides geographical exploration and mapping, research efforts were to be directed into geology and "practical botany" - in modern terms, agricultural and forestry research. Much of the field activity was to remain in private hands but the colonial state would provide central supervision through the Department of Agriculture and Surveying, and by setting up in skeletal form the most urgently needed scientific institutions financed from the budget. Stuhlmann was at pains to emphasize that state research labours should reflect a more "economic-practical than scientific" character. Expensive and largely irrelevant full-time academics were to be avoided and, instead, practical people were to be recruited. Cartographers, topographers, gardeners and mineral prospectors were needed to do the homework into which German residents and officials across the country would feed empirical data.[22]

In geological research, German efforts floundered mid-stream. Two major surveys were undertaken but not followed up and systematic surveying fell into relapse. The main expeditions financed by the Colonial Department in Berlin were those by W. Bornhardt in 1895-97 across the southern and south-eastern parts and by *Bergassessor* Dantz who in 1898-90 travelled mostly in the western and central parts of the country. Bornhardt and Dantz were professional geologists and they located and comptetently assessed many mineral deposits, including rich iron and coal deposits north of Lake Nyasa.[23] But only a few could be exploited. Commercially, the most important mineral became gold which was found on the Iramba plateau not by state expeditions, but by private prospectors. As prospecting activities were increasingly taken over by concessionary companies and energies directed toward targets most promising of immediate profit, scientists interested in long-term geological research were led to complain about "increasing planlessness of geological exploration in German East Africa".[24]

The colonial administration made a more energetic contribution to agricultural research, and over time met with more success. The basis was laid by the establishment of a network of meteorological stations. To introduce and test new crops, experimental plots were attached to local administrative headquarters. More ambitious experimental stations were built up slowly. The first attempt was made in Dar es Salaam in the government park between town centre and the governor's palace (modern State House), an area still recognizable today. The beginnings of the park were established by the first governor Julius von Soden. He was personally interested in gardening and imported plants from Germany partly on his own expense. As the Colonial Department in Berlin exhorted the Dar es Salaam administration to establish an experimental garden, a plot in the park was reserved for the purpose and its maintenance was entrusted to a forester. But poor soils rendered Dar es Salaam unsuitable for a full-scale tropical experimental station. The garden's more lasting contribution was the production and distribution of seedlings for trees planted along the streets of the capital.[25]

The establishment of a research station in Marangu on Kilimanjaro in 1893 was scientifically a more ambitious endeavour. Manned by two botanists and a geologist and financed jointly by the Colonial Department, the Colonial Society and the German Academy of Sciences, its history was short and tragic. Its activities had to be discontinued already the following year when two German scientists were killed in confused conditions. The incident led to brutal revenge but no resumption of research activities.[26] Instead, the colonial government established an "agricultural station" (*Kulturstation*) at Kwai in West Usambara in 1896 in order to facilitate German settlement of the area through the introduction of European crops. But systematic research was not included in Kwai's programme and as its running proved costly it was rented out to a commercial enterpreneur.[27] It was only in 1902 that Amani, the institution from which so much of the fame of German East African agricultural research stems, was established.

The Biological-Agricultural Institute Amani, as it was formally named, became one of the most prestigious and succesful of all German colonial scientific institutions. It was a State scientific institute from beginning to end, but practical private interests played a major role in its genesis and functioning. Amani was established in June 1902 during Götzen's governorship by Dr Albrecht Zimmermann, a botanist, in one of the most precious ecosystems of the country

- the rain forests of Eastern Usambara near the colony's main plantation area. It covered an area of approximately 250 hectares extending from 400 to 1,100 metres above sea level although only 100 ha was actually planted. There was also a branch station situated on the lowland in Mombo. The staff consisted of a dozen Germans, including a director (1905-1908 Stuhlmann, otherwise Zimmermann), a botanist, a botanical assistant, an entomologist and one or two chemists, and it employed some 200 to 300 African labourers. Its main tasks were to provide practical assistance to the plantations and settlements in the colony, the improvement of African cultivations, the examination of plant diseases and the introduction of new crops. As far as time allowed, the general study of the fauna and flora of the country was also to be pursued. In the early years, research at Amani concentrated heavily on plants most relevant for plantation economy, mainly coffee, rubber and sisal. It published two journals (*Berichte über Land- und Forstwirtschaft in Deutsch-Ostafrika* and *Der Pflanzer*), printed leaflets popularing research results and organized courses and seminars for planters and officials. After the war broke out, Amani embarked on a new type of research - into substitutes for European industrial goods the supply of which had been cut by the intra-European hostilities. The list of Amani *ersatz* goods included boots, soap, candles, tooth-paste and even home-made "whisky".[28]

The Colonial Economic Committee or KWK (*Kolonial-Wirtschaftliches Komitee*) played major role in the establishment of Amani and the further development of East African agricultural research and extension. Founded in 1896 by a cotton miller named Karl Supf, the committee received modest financial support from the German cotton industry, colonial interest groups and the state, and quickly established for itself a semi-official status in the colonial system. It assumed the role of a colonially-conscious advance guard of capital and undertook to conduct "the economic development of the German colonies on a scientific basis."[29] In East Africa, KWK's main task was to promote cotton growing, but it had several other interests as well, and sponsored research over a wide field ranging from bee-keeping to the feasibility of railway construction.[30] It was a major advocate for the establishment of a research station to give assistance to German plantation companies and planters who had lost fortunes in ill-informed experiments with coffee in Usambara. These demands contributed decisively towards the establishment of Amani in Eastern Usambara and its early orientation. But as cotton remained without prospects in Usambara, in 1906 KWK set up an experimental farm and "cotton school" of its own at Mpanganya in Rufiji. This was intended as a "propaganda and training station" for African cotton-growers. In practice it seems to have operated much like any commercial cotton farm with the exception of the fact that it enjoyed state support in the form of funds and the provision of labour.[31]

Relations between the colonial administration and the KWK were excellent during Götzen's period. They soured however under the next governor, Baron Albrech von Rechenberg (1906-1912) who thought that KWK was unrealistic in the design of its projects and tended to favour Germany's industry to the detriment of the colonial economy. The conflict was never allowed to burst out openly, but as a result many of the previous functions of the committee were taken over by the state. Of particular relevance here was the move to exclude KWK from agricultural research and extension. In 1910, Mpanganya was taken into state ownership. The government also set up several new agricultural stations. The experimental station of Kibongoto was established in 1911 in the fastest-growing settlement area of the colony on Kilimanjaro and Meru. With an area of some 240 ha, it was to carry out research on agriculture as well as on cattle and cattle diseases. In 1910-1913 four experimental cotton stations were added. They were situated in the districts of Morogoro, Tabora, Lindi and Moshi. At the same time, a network of agricultural extension workers was created. This was also started by KWK and taken over and continued systematically by the colonial state. Now Amani could concentrate on scientific research as much of the practical work was shifted onto the new stations.[32]

Social studies: ethnography, comparative law, linguistics

Compared with immediately "useful" topics such as geography and agriculture, ethnography and the adjacent human ands social discplines were at first regarded as exotic topics, to be pursued for reasons other than colonial exploitation. Ethnography was widely understood as the collection of exotic physical artefacts. As Stuhlmann argued in his plan for a research programme:

> It cannot be denied that because of our thrust into the land the original culture of the tribes and thus a part of the cultural history of the mankind will be destroyed. It is therefore our duty to rescue the documentation of this culture as long as there is still something to be rescued.

His only practical suggestion was that private ethnographic collections of military officers and other travellers should be brought together under the auspices of official state collections accessible to the public.[33] The director of the Berlin Ethnological Museum exhorted travellers and residents to furnish the museum, among other things, with "as many sets of skulls as possible", and one complete skeleton, preferably of each "tribe".[34]

It was soon realized that knowledge of the surviving mores and habits of African peoples could be more valuable to colonialists than the mere documentation of passing ages or anthropometric statistics. Hostilities with Africans were not only costly but often unnecessary and even counterproductive, argued people like Richard Kandt, the long-time German Resident in Rwanda, or A. Widenmann, a military doctor who wrote the first ethnographic study of the Chagga (which he with some justification claimed to be the first study of its kind in the whole East Africa). If the Europeans wished to be masters, they should not be content with collecting bows and arrows but should rather strive to understand the peculiarities of African customs and views. This, said Widenmann, was "a requirement of thrift and wisdom".[35]

The time of the professional anthropologist as field worker had not yet arrived, however. Early anthropologists - or ethnologists as they were called in Germany - were, like their colleagues in geography, predominantly armchair scholars who preferred to stay at their desks at home and base their wide-ranging and speculative constructs on data furnished by explorers and men on the spot. The only full-time ethnologist who undertook an expedition to German East Africa appears to have been Karl Weule from Leipzig. He was an innovative and serious scholar who believed that the colonies offered German ethnology "the richest mines that can be imagined" and attempted to frame his questions according to the logic of ethnological research and not of colonial economy. But his field methods hardly fulfills the requirements of post-malinowskian anthropology. He marched in four months from Lindi through the southern parts to Ungoni and back at a time when the great Maji-Maji rebellion had been violently suppressed in parts of the area and was still raging in others. Travelling with a caravan accompanied by a detachment of armed *askari*, he gained much of his information from interviews with people who were ordered to meet him or with local notables who later boasted of having deliberately tricked him.[36] That Weule's work nevertheless retains some of its interest and value today is symptomatic of the overall quality of German colonial ethnological research.

Instead of meticulous ethnological field work, ethnographic data continued to be compiled by European travellers and to an increasing extent by residents. Growing use was now made of distributing detailed questionnaires to residents and travellers. Questions included in such questionnaires reflected the theoretical concerns of the day and directed the attention of the untrained enumerators to those aspects considered most worthwhile by ethnologists at home. Lists of questions and instructions issued to travellers to far-away lands had a long history in European research. Their use for ethnographic purposes became particularly popular in the latter half of the nineteenth century as contacts with the non-European world were dramatically intensified, and the Germans followed suit.[37]

In German colonies the questionnaire techique was employed in general ethnology, but above all it flourished in comparative law, a topic pursued by laywers and jurists but which in today's perspective was akin to the anthropology of law. Its strong emergence in German colonial studies was an outcome of the coincidence of two currents, one scientific and the other quite practical. Its scientific background was in the vigorous German tradition of comparative jurisprudence. The representatives of this tradition believed that law was a universal phenomenon: there might have been people without courts but there were no people without law. By comparing the laws of different peoples, both "civilized" and "primitive", these scholars hoped to be able to distinguish the historical foundations and accidental features of the most basic categories of human law and society, and thus reconstruct its grand evolution.[38] The practical interest was of course the obvious applicability of the knowledge of legal norms and practices in the colonial state. Colonial officials were in urgent need of tangible information concerning public law and political relations, as well as on prodecures in criminal cases, traditional penalties, etc., as they were entrusted with jurisdiction over the indigenous population.

Comparative jurisprudence was pursued in German colonies by several scholars and there were many competing questionnaires which differed in length and orientation. One had been drafted by Felix Meyer and A.H. Post, both lawyers and leading figures in German comparative law, who sent by it in 1893, both privately and through the channels of the German Foreign Office, to officials and missionaries in several European colonies, including non-German ones. The answers were later published in a book by the Dutch scholar S.R. Steinmetz. Steinmetz subsequently worked out a new, very detailed questionnaire in the collaboration with the eminent German ethnologist Richard Thurnwald. The scientific superiority of the latter was generally acknowledged but it was never put to any practical use. Another visible scholar in the field was Joseph Kohler, a jurist turned professor in law. He sent out his own questionnaire to all the German colonies in 1897. From 1900 onwards he published the incoming material, collected by officials and missionaries, in the *Zeitschrift für vergleichende Rechstwissenschaft* which he edited himself.[39]

In 1909 a major project, known as the "Questionnaire concerning the Laws of the Natives in the German Colonies" (*Fragebogen über die Rechte der Eingeborenen in den deutschen Kolonien* - in short, *Fragebogen*), was launched with the full backing of the colonial administration in Berlin. After the Colonial Secretary Bernhard Bernburg brought about a compromise between the two protagonists of the project - Meyer, who favoured a more detailed questionnaire and Kohler, who pushed for a shorter and simpler one - copies of the *Fragebogen* with 103 questions were sent to the colonies. German East Africa was particularly well represented with 30 answers received. Although uneven in coverage and quality, it represents "the largest single ethnographic investigation ever undertaken" in the country.[40] In addition to reports from German colonial officials and German and foreign missionaries the responses included one by the Swahili *liwali* in Tanga (Abdallah bin Hemedi). The project was not brought to completion, however. While results were utilized in a couple of more general works,[41] the detailed sets of answers were never published. They can be consulted in several archives and provide useful, in some cases very useful, ethnographic source on, among others, the Nyamwezi, Kimbu, Bena, Hehe, Sangu, Ngoni, Nyiha, Bende, Mbunga, Arusha, Shambaa, Zaramo, Zigua, Kwere, Doe and Makonde peoples.[42]

As so often happens with scientific research, some people found the institutional frameworks imposed from the outside too narrow and unimaginative and embarked on paths of their own. A case in point is the famous missionary-ethnologist Bruno Gutmann on Kilimanjaro, author of the massive *Das Recht der Dschagga* (The Law of the Chagga) published in 1926 but completed in substance prior to the war. Gutmann had been asked to collaborate in the 1909 *Fragebogen* project but soon found it impossible to confine himself within the questionnaire that was a compromise between lay lawyers, politicians and colonial officials. Believing that "the feeling of law is by origin and by in its essential nature a religious creation,"[43] Gutmann launched what was to become a life-long project on the material and spiritual culture of the Chagga people. Unbelievably prolific, his published production consists of some 500 works written in ponderous, unimitatable language difficult to understand even for a German - one of the boldest and most sustained attempts ever made by a European to penetrate the life-world of an African people.[44]

The pattern of home-based scientists working out the formats for materials furnished by people on the spot was by and large repeated in the study of African languages, albeit with some special features. Most of the practical study of languages was left to the purvey of the missions; important work was only done by non-missionary researchers in Kiswahili and a few minor languages.[45] In this field, however, missionaries worked independently without much detailed guidance from theoreticians in Europe; in addition, many returning missionaries were employed in the teaching of African languages in Germany and some who emerged as leading authorities in the field did so from a missionary background.[46] The reason for missionary dominance in African linguistics is obvious. Most of the missionaries preferred to work in vernaculars and even those who did not were obliged to do so in practice. The missionaries were simply forced to learn local languages and when learning them they had to write down the basics of grammar and compile dictionaries. Some of the work was published in the missionaries' own publications but much found its way into authoritative specialized journals such as the *Mitteilungen des Seminars für orientalische Sprachen* and the *Zeitschrift für Kolonialsprachen*.[47]

The use of colonial knowledge

I will not attempt to analyze the contents and organization of colonial studies any further in this connection. Instead I turn to an issue that was growing more problematic as knowledge accumulated and became increasingly ramified: how to handle the increasingly complex body of knowledge, whatever it was, and how to make most effective use of what was available. That the applicability of even the most "useful"-looking knowledge can be problematic can be seen from the fact that the Amani Institute always struggled with the communication ofits results to planters. Similarly, the more practically-oriented experimental stations met with difficulties in getting growers to adapt their recommendations. Important as it is, I shall not discuss this aspect here.[48] Instead, I take up the still more fundamental problem of how to convey the general contributions of colonial studies to those who supposedly were in need of them, i.e., the Germans administering the colonies and working in them, and of how to integrate colonial studies into the mainstream of German scientific knowledge.

This was basically a question of the place of colonial studies in the German system of higher learning. It was affected not only by internal qualities of the studies but also by the place of colonialism in the larger framework of German polity and economy. While Germany was aspiring to be a world power and seeking a "place in the sun", colonialism was still a peripheral phenomenon. German economy had much closer ties and much greater interests to defend in many tropical and subtropical areas other than its own colonies, which were few, poor and widely scattered. In scientific research Germany already was a world power. German scholars were competing in the frontline of scientific progress in several fields. Colonial studies could hardly be less peripheral than colonialism itself, and the proponents of this field of scholarship had to fight to carve out a place in the sun for themselves. Two different approaches were used.

The Seminar for Oriental Languages in Berlin

A more traditional approach to the consolidation of colonial studies was represented by the Seminar for Oriental Languages affiliated to the University of Berlin. One of the main initiators of the Seminar was the Imperial Chancellor Otto von Bismarck, and it was established in 1887 during Bismarck's short colonial drive. Yet in this seminar colonial studies were carefully subordinated to the study of what was called oriental languages.[49] Even while the role of what the Germans call *Realien*, that is topics such as history, geography, economics, and chemistry was gradually increased, languages remained the core of the Seminar's own curriculum, taught by German professors, docents (*Dozenten* - part-time senior lecturers) and native-speaking lecturers, including some East Africans.

The original choice consisted of languages such as Chinese, Japanese, Arabic, Hindu, Turkish and Persian. Kiswahili was added at an early stage and some other colonial languages were included later on. Under the benevolent autocracy of its long-time director professor Eduard Sachau, a specialist in Islamic law, the Seminar retained a considerable degree of autonomy vis-à-vis both the University and the Colonial Department. Its students consisted of regularly enrolled University students and trainees, apprentices and officials sent by the government - not so much by the Colonial Department as by the rest of the Foreign Office, the Imperial Postal Administration, etc. Officers and officials destined to go to German East Africa had to attend courses in Kiswahili from 1892, but since a final examination was not obligatory, their participation at least in the early years appears often to have been more symbolic than real.[50]

Originally, the aim of the Seminar was to ensure that the official going to Peking, Cairo or Dar es Salaam would be able to participate in the translation of local documents into German immediately, and within six months on the spot would acquire a working knowledge in both spoken and written language. As time passed, the share of colonial designates among the students grew and the training of interpreters was increasingly separated from that of prospective colonial officials. The latter were provided with more courses on practical topics and on ethnology, economics and the modern history of the colonies which were normally lectured by outside colonial experts. It was pointed out that "in tropical climates, the study of these topics is many times more difficult if not impossible, and ... requires a much greater amount of labour and time and would thus be considerably more expensive than in Germany".[51] An idea of the scope of the instruction can be gained from student statistics concerning the winter term 1913-14. Altogether 541 students were enrolled, the most popular courses being Kiswahili (48 students), tropical hygiene (41), Chinese (37), economic conditions of the colonies (37), colonial law and administration (36), tropical crops (36), geography of German East Africa (29), first aid (28), and Arabic (26). Whether the high drop-out rates of the early years had been reduced is not clear from my sources, but that definitely is the impression they give.

The Colonial Institute in Hamburg

A more innovative and ambitious way to create a space for colonial studies was the establishment of the Colonial Institute (*Kolonialinstitut*) in Hamburg in 1908. The Institute consisted of two parts - the Institute proper, the staff of which was to conduct research and teach topics related to colonialism; and a documentation centre (*Zentralstelle*) which was to collect documents relevant to the colonial effort.[52] It was a simultaneous attempt to assert the independence of interdisciplinary colonial studies and to develop broader "overseas studies" around their core.

Within a short time, the Institute built up an impressive capacity. It began with five professors of its own - in colonial law, colonial policy, geography, culture and history of the Orient, as well as history. Moreover, it could rely on high-quality part-time teachers on tropical hygiene and natural sciences from other Hamburg institutions. By 1914 the number of full-time professors had increased to 20; in addition, there were dozens of docents. Some of the professorial chairs were in disciplines which were represented in other German universities but were given a distinct colonial and overseas flavour in Hamburg: the professor of English, for instance, concentrated on the British colonial empire, and the professor of Roman studies on Latin America. Other professorships were established in disciplines that were not represented elsewhere: examples include African languages, Islamic studies and the history of East Asia.
As the Colonial Institute paid a salary above the normal scale for German university professors and promised a free hand to conduct research it attracted some of most competent scholars available. These produced valuable works, such those of as Karl Rathgen in economics, Siegfried Passarge in geography, C.H. Becker in Islamic studies and Carl Meinhof in African languages (although there were also dons such as a biographer of Bismarck who obviously took up a job in Hamburg just to get physically closer to his sources).[53] The head of the documentation centre was found in Amani - Stuhlmann, a Hamburger by birth and by heart.

There were many forces that contributed to the spectacular build-up of the Colonial Institute. It was visibly backed by Colonial Secretary Dernburg, who advocated "scientific colonialism" and wished to improve the training of colonial officials and create a unified colonial service. As a former banker he was also keen to increase the participation of German capital in colonial affairs and thought that if a Colonial Institute was established in a commercial city like Hamburg it would also attract young businessmen. But the Colonial Institute was almost exclusively a Hamburger institution. It was funded from Hamburg's own finances and it could never have been established and expanded had its emergence not coincided with a drive of certain Hamburg politicians to create a university in this pround and patriotic Hanse city-state. The *Syndikus* Werner von Melle, the official responsible for higher education in Hamburg, had been trying to build a nucleus for the University for years. As the idea of a new "colonial academy" was put forward in Berlin, Melle seized the opportunity and set out to push for the establishment of the Institute in Hamburg around which the University could later be built. So eager were the Hamburgers to establish the Institute and that they decided to go on even though the expected financial subsidy from the Imperial government fell through and all that Dernburg could promise was to sent an annual quota of students from the Colonial Office to the Institute.

The Institute did indeed provide a basis for Hamburg University which was established under changed conditions in 1919 when Germany had lost its colonies in the war with other imperialists. But as an academic Colonial Institute, it proved a disappointment (except perhaps for the documentation centre which concentrated on building up newspaper archives).[54] The most obvious trouble was the lack of students. In 1913, when the institute had a teaching staff of 63 professors and docents, there was a total of only 84 full-time students - a student-teacher ratio of less than one-and-a-half to one, hardly a joy even for the student, let alone the teacher and the financier.[55] The hopes for trader-students never materialized; businessmen obviously thought that they could not afford to spend the compulsory year or more on the school bench. Nor were there many "normal" students as Hamburg was not a university town and the Colonial Institute could not attract students from elsewhere by awarding degrees. The bulk of the students were those provided by the Colonial Department, initially those going to West Africa or the South Seas but later including some East African candidates. Many professors complained that since the German university system was built upon the unity of teaching and research the atmosphere suffered from a lack of students. Cynics pointed to some professors who seemed to do quite well without any students and suggested what the dissatisfied lacked were lecture fees.[56] But clearly all was not well and the absence of students was a symptom of the lack of a traditional university milieu to which professors were accustomed.

This is a question needing futher research but I suggest that behind the organizational problems loomed a fundamental issue which was often touched upon but never really confronted: the meaning of colonial, or overseas, studies. That the Colonial Institute was to be more practically-oriented than a normal university was generally accepted. But what this entailed in research and teaching was never agreed upon. When the Institute was being planned an idea was put forward that in botany, for instance, the student was to be taught the difference between an oil palm and a date palm, but not the systematic taxonomy of palm trees in general. Or concerning caoutchouc-producing crops, teaching would not stop with latex; its processing would be followed through to the commercial commodity.[57]

Yet after a few years of practice, the majority of the professors became convinced that "colonial sciences" could not be separated from "general sciences". A division of opinion was graphically revealed when in 1913 the pro-University lobby within the Hamburg administration proposed the establishment of a University comprising, in addition to the normal faculties, a "Faculty of Colonial Sciences", the members of which would have belonged simultanously to some other faculty. At first the professors at the Institute acquiesced to the plan but then had second thoughts and rebelled. It was impossible to separate problems of "practical colonial science" from what was "pure science", argued Passarge, a geographer. "Science and practice belong very closely together. Each constitutes the basis of the other." The Hamburg professors also turned to their colleagues in other German universities to ask their opinion on the proposed Colonial Faculty. Of more than 30 replies the overwhelming majority took a negative stand against the idea; only three jurists spoke in its favour. This position obviously contributed to the rejection of the proposal.[58]

Conclusion

We can now begin to see that the body of knowledge called colonial studies is a complex heritage bequeathed by European colonialism to post-colonial Africa scholars. It is also a living heritage. Even the great majority of Tanzanians who have never directly confronted German colonial studies are unlikely to have escaped its influence. Modern studies of many aspects of Tanzanian nature and society must still take their empirical starting point from the German scholarship produced during their short-lived colonial exercise. German attempts to utilize the knowledge they produced also holds important lessons for us today.

As this paper has hopefully made clear, the German achievement must not be exaggerated; "scientific colonialism" was more a slogan than a reality. The coverage of early colonial research was patchy and the quality of the work by our present yardsticks often leaves much to be desired. Nor were the Germans able to resolve the problems involved in the utilization of research results satisfactorily. As to the empirical contents and organization of research, much of the heritage of German colonial studies has already been transcended. But as I suggested at the outset, the ultimate influence of colonial studies may not lie in its empirical contents or organization, but in the epistemological framework it brought to Africa. I believe that it is that framework that continues to influence our work and which continues to produce parallels between historical situations which may be unlinked genealogically.

To go into a substantial discussion of that epistemological framework is beyond this narrowly defined empirically oriented paper. It would require an entirely different approach. In order to probe the problematic further we should ask not only what European colonialism and colonial studies contributed but also what happened to indigenous knowledge. It is clear at this stage that colonial studies were imposed upon African societies from the outside and were used for highly instrumental purposes. This was done not solely in the name of new power but also in the name of superior knowledge, or rather a superior form of knowledge - an objectified, systematized and universalized knowledge called science. It was not that there was no knowledge in Africa nor that the knowledge that was there was useless. But it was knowledge fit for local purposes. The new power had a need for a new kind of knowledge to constitute itself territorily and internationally, in the form of the colonial state, colonial economy and colonial society. This new knowledge was produced with external means but from local raw materials. Whereas much of it was exported some was retained and more was reimported later. At present, similar needs continue to be felt by the present powers, local and metropolitan, and the business of the production, export and reimport of knowledge is perhaps busier than ever. In this perspective knowledge does not simply imply power; rather a certain type of knowledge is the prerequisite to a certain kind of power. Epistemology cannot be a question of knowledge only.

Notes

1 This is a slightly modified version of the paper which appeared originally in Gould, Jeremy (ed.): A Different Kind of Journey. Essays in honor of Marja-Liisa Swantz, Helsinki 1991, pp. 133-162. The permission to reprint from the Finnish Anthropological Society is gratefully acknowledged.
2 See e.g. von Luschan, Felix in: Verhandlungen des Deutschen Kolonialkongresses 1902, Berlin 1903, p. 171.
3 For a discussion with references, see my: Development for Expoitation. German colonial policies in Mainland Tanzania, 1884-1914, Helsinki 1994, ch. 2.
4 Meyer, Hans: Das Deutsche Kolonialreich, I, 1, Ostafrika, Leipzig/Vienna 1914, p. 7.
5 Stuhlmann to Schele, Dar es Salaam, 27 March 1894, Tanzania National Archives (hereafter TNA): G3/2, 112-116; Stuhlmann, Franz: Mit Emin Pascha ins Herz von Afrika, Berlin 1894, pp. 863-866.
6 Ibid.
7 Baumann, Oscar: Durch Massailand zur Nilquelle, Berlin 1894.
8 Graf von Götzen, G. A.: Durch Afrika von Ost nach West, Berlin 1895.

9 Baumann explored the mountains of Usambara commissioned by the German East Africa Company DOAG (*Deutsch-Ostafrikanische Gesellschaft*) in 1890: Usambara und seine Nachbargebiete, Berlin 1891. Later he visited off-shore islands: Der Sansibar-Archipel, 3 parts, in: Wissenschaftliche Veröffentlichungen des Vereins für Erdkunde zu Leipzig, Leipzig 1896, 1897, 1899.
10 Above all Hans Meyer. After an unsuccesful attempt in 1887 Meyer climbed Kibo as the first European in 1889 with L. Purtscheller and returned in 1898 for another geographical expedition. Meyer, Hans: Ostafrikanische Gletscherfahrten, new ed., Leipzig 1893; ibid.: Der Kilimandjaro. Berlin, 1900.
11 E.g. Werther, C. W.: Zum Victoria Nyanza, Berlin 1895.
12 The quotation is from Stokes to Wissmann, 29 October 1890, as printed in Gottberg, Achim (ed.): Unyamwesi. Quellensammlung und Geschichte, Berlin 1971, p. 299. Charles Stokes was an Irish-born trader also working for the Germans.
13 See also Chrétien, Jean-Pierre: Le passage de l'expedition Oscar Baumann au Burundi (septembre-octobre 1892), in: Cahiers d'études africaines, 29 (1968), pp. 48-95.
14 Kayser to Wissmann, 3 May 1896, TNA: G8/459, 9, paraphrasing a report by Governor Schele on the expedition of lieutnant Waldemar Werther to Victoria Nyanza financed by the Anti-Slavery Committee (note 11 above).
15 Obst, Erich: Das abflusslose Rumpfschollenland im nordöstlichen Deutsch-Ostafrika, I, Mitteilungen der Geographischen Gesellschaft in Hamburg, 29 (1915).
16 A good overview is given by Meyer, Kolonialreich, op. cit., pp. 7-16.
17 E.g. the missionaries Merensky, Alexander: Deutsche Arbeit am Njassa, Deutsch-Ostafrika, Berlin 1894 (north of Lake Nyasa, mainly Bunyakyusa); and Adams, Alfons M.: Im Dienste des Kreuzes. Oder Erinnerungen aus meinem Missionsleben in Deutsch-Ostafrika, St. Ottilien 1899 (Southern Highlands).
18 E.g. the *Schutztruppe* officers Langheld, Wilhelm: Zwanzig Jahre in deutschen Kolonien, Berlin 1909; and Fonck, Heinrich: Deutsch-Ost-Afrika, Berlin 1910.
19 As the military doctor Fülleborn, Friedrich: Das Deutsche Njassa- und Ruwuma-Gebiet. Land und Leute, Berlin 1906; the officer Merker, Moritz: Die Masai, 2nd ed., Berlin 1910 (who worked through interpreters and blemished his otherwise valuable work by accepting a fantasy about the 'semitic' origins of the Maasai); or the missionary Kootz-Kretschmer, Elise: Die Safwa, 3 vols, Berlin 1926-29.
20 Sir Eliot, Charles: The East Africa Protectorate, London 1905, p. 257.
21 Meyer, Kolonialreich, op. cit., p. 16.
22 Stuhlmann to Schele, Dar es Salaam, 27 March 1894, TNA: G3/2, 112-116.
23 Bornhardt, W.: Zur Oberflächengestaltung und Geologie Deutsch-Ostafrikas, Berlin 1900; Dantz: Die Reisen des Bergassessors Dr. Dantz in Deutsch-Ostafrika in den Jahren 1898, 1899, 1900, in: Mitteilungen aus den Deutschen Schutzgebieten (hereafter MDS), 15 (1902), pp. 34-89, 139-165, 189-242; ibid., 16 (1903), pp. 108-146, 183-196; Jahresbericht über die Entwicklung der deutschen Schutzgebiete (hereafter Jahresbericht) 1896/97, p. 75; ibid., 1899/1900, p. 100.
24 Lemelle, Sidney J.: Capital, State and Labour: A History of the Gold Mining Industry in Colonial Tanganyika, 1890-1942, Ph.D. diss., University of California Los Angeles 1986, pp. 50-55; Geologische Landesanstalt Berlin to Colonial Office, 6 May 1914, as quoted in Tetzlaff, Rainer: Koloniale Entwicklung und Ausbeutung. Wirtschafts- und Sozialgeschichte Deutsch-Ostafrikas 1885-1914, Berlin 1970, p. 173.
25 Jahresbericht 1894/95, p. 59; ibid., 1895/96, p. 73; ibid., 1896/97, pp. 68-69; ibid., 1899/1900, pp. 97-98.

26 Stuhlmann, Franz: Aufzeichnungen über die Einwirkungen und Veranstaltungen des Gouvernements für die wirtschaftliche Entwicklung von Deutsch-Ostafrika, Bundesarchiv Potsdam (hereafter BArchP), RKolA 775, 74, p. 4; Stahl, Kathleen M.: History of the Chagga People of Kilimanjaro, The Hague 1964, pp. 327-328. Botanist Georg Volkens who worked at the station and survived wrote a valuable work: Volkens, Georg: Der Kilimandscharo, Berlin 1897. The Swedish zoologist Sjöstedt later explored, with financing from Sweden, the fauna on Kilimanjaro, Meru and Maasai Steppe: Yngve Sjöstedt's Zoologische Kilimandjaro-Meru Expedition 1905-1906, 3 vols, Stockholm 1910; id.: Bland Storvildt i Ostafrika, Stockholm 1911.

27 Jahresbericht, 1896/97, pp. 70-75; Bald, Detlef/Bald, Gerhild: Das Forschungsinstitut Amani, Munich 1972, pp. 36-38.

28 Kaiserliches Gouvernement von Deutsch-Ostafrika: Biologisch-Landwirtschaftliches Institut Amani, State Archives of Hamburg (hereafter StAH), Wissenschaftlicher Nachlass Franz Stuhlmann, C 1; Arning, Wilhelm: Deutsch-Ostafrika gestern und heute, Berlin 1942, pp. 278-281; Bald/Bald, op. cit., pp. 51ff.; Eberlie, R. F.: The German Achievement in East Africa, in: Tanganyika Notes and Records, 55 (1960), p. 208.

29 Die Arbeit des Kolonial-Wirtschaftlichen Komitees 1896-1906, in: Der Tropenpflanzer, 10 (1906), p. 769; Die Arbeit des Kolonial-Wirtschaftlichen Komitees 1896-1914, TNA: G8/139, 3-5.

30 Fuchs, Paul: Die wirtschaftliche Erkundung einer ostafrikanischen Südbahn, in: Beihefte zum Tropenpflanzer, 6, 4/5, (1905); id.: Wirtschaftliche Eisenbahn-Erkundungen in mittleren und nördlichen Deutsch-Ostafrika, Beihefte zum Tropenpflanzer, 11, 8, (1907).

31 Spalding to Colonial Office, 11 February 1910, BArchP, RKolA 8182, 165-170.

32 Extract from letter KWK to Colonial Office, 14 September 1910, TNA: G 8/137, unnumbered; Rechenberg to Colonial Office, 21 February 1911, TNA: G 8/137, unnumbered; Der landwirtschaftliche Dienst und das landwirtschaftliche Versuchswesen in den deutschen Schutzgebieten, 31 March 1912, BArchP, RKolA 7808, 72-73; Beck, Ann: Priorities in Biological Research at Amani, 1902-1914, in: Tanzania Notes and Records, 86/87 (1981), p. 15.

33 Stuhlmann to Schele, Dar es Salaam, 27 March 1894, TNA: G3/2, 115.

34 von Luschan: Instruktion für ethnographische Beobachtungen und Sammlungen in Deutsch-Ost-Afrika, in: MDS, 9 (1896), p. 99.

35 Kandt, Richard: Caput Nili, Berlin 1905, p. 346; Widenmann, A.: Die Kilimandscharo-Bevölkerung, in: Ergänzungsheft No 129 zu Petermanns Mitteilungen, Gotha 1899, p. V.

36 Karl Weule in: Verhandlungen des Deutschen Koloniakongresses 1905, Berlin 1906, p. 19; id.: Wissenschaftliche Ergebnisse meiner ethnographischen Forschungsreise in den Südosten Deutsch-Ostafrikas, in: Ergänzungsheft der MDS, 1, 1908, esp. p. 5; id.: Negerleben in Ostafrika, Leipzig 1908; Ranger, Terence: From Humanism to the Science of Man: Colonialism in Africa and the Understanding of Alien Societies, in: Transactions of the Royal Historical Society, 5th Ser., 26 (1976), p. 119.

37 For the history of this method, see Urry, James: Notes and Queries on Anthropology and the Development of Field Methods in British Antropology, 1870-1920, in: Proceedings of the Royal Anthropological Institute of Great Britain and Ireland for 1972, pp. 45-57.

38 For an introduction, see Schott, Rüdiger: Main Trends in German Ethnological Jurisprudence and Legal Ethnology, in: Journal of Legal Pluralism and Unofficial Law, 20 (1982), pp. 37-68.

39 Steinmetz, S. R. (ed.): Rechtsverhältnisse von eingeborenen Völkern in Afrika und Ozeanien, Berlin 1903; Schultz-Ewerth, Erich/Adam, Leonhard (eds): Das Eingeborenenrecht, vol. 1, Ostafrika, ed. Bernhard Ankermann, Stuttgart 1929, pp. V-VI; Kohler,

Joseph: Rechte der deutschen Schutzgebiete. IV. Das Banturecht in Ostafrika, in: Zeitschrift für verglichende Rechtswissenschaft, 15 (1902), pp.1-83..
40 Schnee, Heinrich: Als letzter Gouverneur in Deutsch-Ostafrika, Heidelberg 1964, p. 96; Ankermann, op. cit.; esp. pp. 1-4; Redmayne, Alison (assisted by Rogers, Christine): Research on Customary Law in German East Africa, in: Journal of African Law, 27 (1983), pp. 22-41 (quotation p. 27).
41 Notably the volume on *Ostafrika* edited by Ankermann for *Das Eingeborenenrecht* by Schultz-Ewerth and Adam (note 39 above). Also Dundas, Charles: Native Laws of Some Bantu Tribes in East Africa, in: Journal of the Royal Anthropological Institute, 51 (1921), pp. 217-278, relies heavily on part of this material.
42 I consulted them in what is now Bundesarchiv Potsdam (RKolA 4996/1). According to Redmayne, a microfilm of the sets of answers for German East Africa is now available at the Rhodes House Library in Oxford. Copies of most of the sets of answers should also be kept in the library of the National Museum of Tanzania in Dar es Salaam; I was unable to find any there. The answers on the Nyamwezi by missionaries Löbner in Tabora and Seibt in Urambo are printed in: Gottberg, op. cit., (note 12 above), pp. 126-208. In some instances, answers have evidently been employed in writing published articles, e.g. on the Kara and Gogo by Paulssen, Franz: Rechtsanschaungen der Eingeborenen auf Ukarra, in: Baessler-Archiv, 4 (1913), pp. 39-45; and id.: Rechtsanschauungen der Wagogo, Baessler-Archiv, 6 (1922), pp. 161-175.
43 Gutmann, Bruno: Das Recht der Dschagga, Munich 1926, p. 689.
44 For a helpful commentary on Gutmann and the difficulties in the interpretation of his work, see Winter, J. C.: Bruno Gutmann 1876-1966, Oxford 1979. For Gutmann's relation to *Fragebogen* project, see pp. 52-53, 87. Gutmann's work has been lately employed, supplemented and made some sense of by Moore, Sally Falk: Social Facts and Fabrications. "Customary" Law on Kilimanjaro, 1880-1980, Cambridge 1986, see esp. p. 333, n. 1.
45 Collections of Carl Velten of Kiswahili stories and writings also contain much valuble materials on ethnography and history of the coastal peoples, see Velten, Carl: Safari za Wasuaheli/Reiseschilderungen der Suaheli, Göttingen 1901; id. (ed.): Desturi za Wasuaheli/Sitten und Gebräuche der Suaheli, Göttingen 1903 (these books appeared simultanously in Kiswahili originals and German translations); id. (ed.): Prosa und Poesie der Suaheli, Berlin 1907 (the text in Kiswahili, only the title in German). Velten worked as an interpreter in East Africa after having undertaken his Ph.D. in Germany and later became professor of Kiswahili at the Seminar for Oriental Languages at Berlin University. For other languages, more valuable materials were published by authors like Otto Dempwolff, a military doctor, on the Sandawe: Die Sandawe, Hamburg 1916; and Rehse, Hermann: Kiziba. Land und Leute, Stuttgart 1910.
46 Notably Carl Meinhof. He studied theology and German language and worked as teacher before undertaking a study trip to German East Africa in 1902-1903. Subsequently he taught African languages in Germany, in 1903-1908 at the Seminar for Oriental Languages in Berlin and 1908 onwards at the Colonial Institute in Hamburg (of these, see the discussion below). Schnee, Heinrich (ed.): Deutsches Kolonial-Lexikon, vol. 2., Leipzig 1920, p. 537.
47 For an example, see the list of work carried out by Berlin Missionary Society in: Richter, Julius: Geschichte der Berliner Missionsgesellschaft 1824-1924, Berlin 1924, pp. 661-662. For a general commentary and a list of German works judged most valuable by present-day linguists, see Polomé, Edgar C./Hill, C. P. (eds.): Language in Tanzania, Oxford 1980, pp. 5-6.
48 For some discussion; see Bald/Bald, op. cit. (note 27 above), pp. 76 ff.

49 When not otherwise indicated, my discussion draws on the following: Winkler, H.: Fünfundzwanzig Jahre Seminar für orientalische Sprachen, in: Zeitschrift für Kolonialpolitik, Kolonialrecht und Kolonialwirtschaft, 14 (1912), pp. 864-871; Schnee, Kolonial-Lexikon, op. cit., vol. 3, pp. 347-348 (note 46 above); Spidle, Jake Wilton: The German Colonial Civil Service: Organization, Selection, and Training, Ph.D. diss., Stanford University 1972, pp. 275-289.
50 For this point, see Schnee, Letzter Gouverneur, op. cit., p. 9 (note 40 above).
51 Winkler, H., op. cit., p. 866.
52 The major published source on the Colonial Institute are the relevant parts of von Melle, Werner: Dreissig Jahre Hamburger Wissenschaft, 2 vols, Hamburg 1926. Shorter discussions are available in Schnee, Kolonial-Lexikon, op. cit., II, pp. 12-13 and in Spidle, op. cit., pp. 297-328. When not otherwise indicated, I rely on these.
53 This was Erich Marcks, see Schnee, Letzter Gouverneur, op. cit., p. 91.
54 For the work of the documentation centre, see Stuhlmann to the Hamburger *Bürgerschaft* Committee on the Construction of the Colonial Institute, 30 April 1914, StAH, Bürgerschaft I, C1047/1.
55 The statistics are difficult to interpret because not all the docents were teaching each term and the number of enrolled students deviated from those actually attending. My calculations are based on Melle, op. cit., II, pp. 247, 251.
56 The discussion began a year after the establishment of the Institute and the same arguments were repeated over the years. See e.g. discussion in the Committee on the recruitment of new professors, October 1909, StaH, Bürgerschaft I, C 1046/1, and remarks by the outgoing professors Marcks and Becker in 1913 as quoted in Melle, op. cit., I, p. 468.
57 A memorandum of professor Thilenius in December 1907, as quoted ibid., I, p. 468.
58 Passarge to Dücker, with appendices, Hamburg 22 November 1913, StAH C1047/1; Melle, op. cit., II, pp. 262 ff.

Administrative Angaben

amtlich: Vereinigte Republik Tanzania
Englisch: United Republic of Tanzania
Kiswahili: Jamhuri ya Muungano wa Tanzania

Präsidentschaftsrepublik mit föderativem Aufbau
Mitglied des Commonwealth of Nations

Fläche:	945 087 km^2 (Landfläche ca 886 000 km^2)
Bevölkerung (1995, geschätzt):	32 Millionen
Durchschnittliche Bevölkerungsdichte:	36 Einwohner pro km^2 Landfläche
Bisherige Hauptstadt, überwiegender Regierungssitz:	Dar es Salaam
Neue Hauptstadt:	Dodoma
Verwaltungsgliederung:	25 Regionen, einschließlich der Inseln Zanzibar und Pemba, mit insgesamt 94 Distrikten, jeweils untergliedert in Divisions, Wards und Villages
Amtssprache:	Kiswahili
Geschäftssprache:	Englisch

Administrative Angaben 141

Vereinigte Republik Tanzania
Politisch-administrative Gliederung

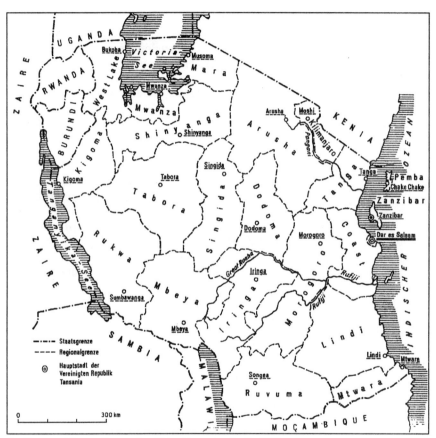

Quelle: Herzog, Jürgen: Geschichte Tansanias, Berlin 1986

Geschichte Ostafrikas in Daten

Chronologie

vor ca. 3,75 Mio. Jahren	bislang früheste Spuren menschlichen Lebens in Ostafrika, gefunden bei Laetoli im Gebiet des heutigen Tanzania
ab 1.-5. Jh. n. Chr.	Errichtung von Stützpunkten südarabisch-persischer, möglicherweise auch indonesischer Händler entlang der ostafrikanischen Küste
984	erste Erwähnung der Hafenstadt Kilwa
ab 2.-4. Jh.	Verbreitung bantusprachiger Kulturen im Binnenland Ostafrikas
ab ca.15. Jh.	viehzüchtende Masai verdrängen von Norden her bantusprechende Ackerbauern in die Hochländer, treten aber auch in Austauschbeziehungen zu diesen
1503	Zanzibar und das Sultanat Kilwa werden von Portugiesen erobert
17. Jh.	die Portugiesen verlieren ihre Besitzungen an die Araber
1730	Araber aus Oman nehmen die Insel Zanzibar in Besitz
18. Jh.	in der Küstenregion entstehen Stadtstaaten mit arabisch-swahilischer Kultur
1856	das Sultanat Zanzibar wird von Oman unabhängig
Mitte 19. Jh.	Beginn der Erforschung des Gebiets des heutigen Tanzania durch europäische Reisende
1885	die "Deutsch-Ostafrikanische Gesellschaft" (DOAG) erhält einen "Kaiserlichen Schutzbrief" für eine Reihe durch "Schutzverträge" erworbener Besitzungen im Hinterland der Küste

1887	die DOAG pachtet vom Sultan von Zanzibar das Küstengebiet von Tanganyika
1888-90	Niederschlagung eines Aufstandes der Küstenbevölkerung unter Abushiri und Bwana Heri durch deutsche Kolonialtruppen
1890/91	das Deutsche Reich übernimmt die Verwaltung in den Gebieten der DOAG, die offiziell zur Kolonie "Deutsch-Ostafrika" werden; Zanzibar wird britisches Protektorat
1905-1907	Maji-Maji-Aufstand im Süden des Landes, der nur mit Mühe von deutschen Truppen niedergeschlagen wird
1916-18	Niederlage der deutschen Kolonialtruppen im Verlaufe des Ersten Weltkrieges
1919	Großbritannien erhält "Tanganyika", das Gebiet der ehemaligen Kolonie "Deutsch-Ostafrika" mit Ausnahme von Rwanda-Burundi und Kiongi, als Mandatsgebiet des Völkerbundes
1925/26	Bildung eines Parlaments, in dem jedoch bis 1945 keine Afrikaner vertreten sind; Errichtung einer afrikanischen Lokalverwaltung nach dem System von Indirect Rule
1929	Gründung der African Association in Tanganyika, aus der 1954 die nach Unabhängigkeit strebende Tanganyika African National Union (TANU) hervorgeht
1958/60	Wahlsiege der TANU
1961	Tanganyika erlangt die staatliche Unabhängigkeit; der Vorsitzende der TANU, Julius Nyerere, wird Ministerpräsident, ein Jahr später Präsident

1963	gesetzliche Einführung des Einparteiensystems in Tanganyika; auch Zanzibar (mit Pemba) erhält die Unabhängigkeit
1964	der Sturz des Sultans und der arabisch orientierten Oberschicht von Zanzibar führt zur Ausrufung der Volksrepublik Zanzibar und zur Vereinigung mit Tanganyika unter dem Namen "Tanzania"
1966	Inkrafttretung des Vertrages zwischen Tanzania, Kenia und Uganda über die Bildung einer ostafrikanischen Wirtschaftsgemeinschaft
1967	Verabschiedung der Arusha-Deklaration mit dem Programm eines afrikanischen Sozialismus (Ujamaa)
1970	beschleunigte Nationalisierung wichtiger Wirtschaftszweige; Ausdehnung vom Industriesektor auf Banken, Groß- und Außenhandel
1973-76	Umsiedlung von bis zu 75% der Landbevölkerung in geplante Großsiedlungen (Development Villages) mit begrenzter Selbstverwaltung
1977	Zusammenschluß der zanzibarischen Afro-Shirazi-Partei und der TANU zur Einheitspartei CCM (Chama cha Mapinduzi, Partei der Revolution)
ab 1978	beschleunigte Wirtschaftskrise und Auslandsverschuldung; Kontroversen mit Weltbank und IWF um Forderungen nach Abwertung, Abbau der Staatsausgaben und marktwirtschaftliche Liberalisierung
1982	"Dezentralisierung" der Verwaltung
1985	Präsident Nyerere (Mwalimu, "Lehrer") läßt sich von Vizepräsident Ali Hassan Mwinyi ablösen
ab 1986	Economic Recovery Programmes, in Vereinbarung mit Weltbank und IWF; rapide Verschärfung der sozialen Gegensätze

1990	offizieller Beginn einer Debatte um Demokratisierung; Gründung und Zulassung neuer Parteien
1993	Beitritt Zanzibars zur Organisation Islamischer Länder (OIC) im Alleingang; Beginn einer teilweise heftigen Debatte über die Einheit des Staates
1995 (Oktober)	erste allgemeine Wahlen mit mehreren Parteien seit 1963; die Ergebnisse zeigen einen Sieg der regierenden CCM, doch werden die Wahlen zumindest in der Hauptstadt wegen Unregelmäßigkeiten annulliert und müssen wiederholt werden

Verzeichnis ausgewählter Überblicksdarstellungen zur Geschichte Tanzanias

Austen, Ralph A., 1968:
North-West Tanzania under German and British rule, 1889-1939. New Haven, Mass.

Büttner, Kurt, 1959:
Die Anfänge der deutschen Kolonialpolitik in Ostafrika. Eine kritische Untersuchung an Hand unveröffentlichter Quellen. Berlin (DDR)

Büttner, Kurt/Loth, Heinrich (Hrsg.), 1981:
Philosophie der Eroberer und koloniale Wirklichkeit. Ostafrika 1884-1918. Berlin (DDR)

Herzog, Jürgen, 1986:
Geschichte Tansanias. Vom Beginn des 19. Jahrhunderts bis zur Gegenwart. Berlin (DDR)

Iliffe, John, 1969:
Tanganyika under German rule 1905-1912. Cambridge

Iliffe, John, 1979:
A Modern History of Tanganyika. Cambridge

Kaniki, M. H. Y. (Hrsg.), 1980:
Tanzania under colonial rule. London

Kimambo, Isariah N./Temu, A. J. (Hrsg.), 1969:
A History of Tanzania. Nairobi

Kjekshus, Helge, 1977:
Ecology Control and Economic Development in East African History. The Case of Tanganyika 1850-1950. London

Koponen, Juhani, 1988:
People and Production in late Pre-colonial Tanzania. History and Structures. (Monographs of the Finnish Society for Development Studies 2) Helsinki

Koponen, Juhani, 1995:
Development for Exploitation: German Colonial Policies in Mainland Tanzania, 1884-1914. (Finnish Historical Society Studia Historica 49 - Studien zur Afrikanischen Geschichte 10) Helsinki/Hamburg

Loth, Heinrich, 1968:
Griff nach Ostafrika. Politik des deutschen Imperialismus und antikolonialer Kampf. Berlin (DDR)

Müller, Franz Ferdinand, 1959:
Deutschland - Zanzibar - Ostafrika. Geschichte einer deutschen Kolonialeroberung 1884-1890. Berlin (DDR)

Roberts, Andrew (Hrsg.), 1968:
Tanzania before 1900. Nairobi

Sheriff, Abdul, 1987:
Zanzibar under Colonial Rule. (Eastern African Studies) London

Taylor, J. Clagett, 1963:
The Political Development of Tanganyika. Stanfort/London

Tetzlaff, Rainer, 1970:
Koloniale Entwicklung und Ausbeutung: Wirtschafts- und Sozialgeschichte Ostafrikas 1885-1914. Berlin (West)

Wright, Marcia, 1985:
East Africa 1870-1905, in: Oliver, Roland/Sanderson, G. N. (Hrsg.): The Cambridge History of Africa. Vol VI. Cambridge, S. 539-591

Autorenverzeichnis

Dr. Jan-Georg Deutsch, Forschungsschwerpunkt Moderner Orient, Prenzlauer Promenade 149-152, D-13189 Berlin

Dr. Ulrich van der Heyden, Forschungsschwerpunkt Moderner Orient, Prenzlauer Promenade 149-152, D-13189 Berlin

Dr. Rolf Hofmeier, Institut für Afrika-Kunde, Neuer Jungfernstieg 21, D-20354 Hamburg

Dr. Juhani Koponen, Institute of Development Studies, Hämeentie 153 B, SF-00014 University of Helsinki

Dr. Christian Mersmann, Deutsche Gesellschaft für Technische Zusammenarbeit, Dag-Hammerskjöld-Weg 1-2, D-65760 Eschborn

Prof. Gaudens Mpangala, Department of History, Faculty of Arts and Social Sciences, University of Daressalam, P.O. Box 35051, Dar es salam, Tanzania

Dr. Achim von Oppen, Forschungsschwerpunkt Moderner Orient, Prenzlauer Promenade 149-152, D-13189 Berlin

Prof. Abdul Sheriff, Department of Archives, Museum and Antiquities, P.O. Box 116, Zanzibar - Tanzania

PD Dr. Dr. Johannes Triebel, Missionswerk der Evangelisch-Lutherischen Kirche in Bayern, PF 68, D-91564 Neuendettelsau